怎样讲党课

任仲然 著

党建读物出版社

图书在版编目（CIP）数据

怎样讲党课 / 任仲然著. — 北京 : 党建读物出版社, 2020. 8（2024.12重印）
ISBN 978-7-5099-1316-1

Ⅰ. ①怎… Ⅱ. ①任… Ⅲ. ①中国共产党—党课—学习参考资料 Ⅳ. ①D261.42

中国版本图书馆CIP数据核字（2020）第040538号

怎样讲党课
ZENYANG JIANG DANGKE
任仲然　著

责任编辑：郭一止
责任校对：张学民
装帧设计：刘伟
出版发行：党建读物出版社
地　　址：北京市西城区西长安街 80 号东楼（邮编：100815）
网　　址：http://www.djcb71.com
电　　话：010-58589989 / 9947
经　　销：新华书店
印　　刷：保定市中画美凯印刷有限公司
2020 年 8 月第 1 版　2024 年 12 月第 9 次印刷
710 毫米 ×1000 毫米　16 开本　15.25 印张　175 千字
ISBN　978－7－5099－1316－1　定价：29.00 元

编者的话

党课是对党员进行经常性思想教育的一种基本形式。开展党课教育是党的基层组织的一项经常性工作，是提高党员思想政治素质、增强党组织的创造力凝聚力战斗力的一个重要手段。为给党员领导干部和党务干部讲好党课提供借鉴，我们策划了《怎样讲党课》一书。

《怎样讲党课》共十一讲，系统阐述了讲好党课的有关问题。作者首先回顾了党课的历史意义和制度沿革，然后分别讲述了四种重要的主题党课、四个主要的讲课主体和三种常见的党课创新形态的不同侧重和讲法。本书具有以下三个鲜明特点：一是站位高，紧贴党员坚定理想信念、增强党性修养的需要，紧扣党员领导干部和党务干部讲好党课的需要，指导性强。二是坚持守正创新，作者结合丰富的党务工作经验，对讲好党课提出了一些新的思路和方法，操作性强。三是坚持问题导向，紧密结合讲党课中存在的常见问题，有针对性地提出解决的办法，同时辅以第三者的眼光、旁白的方式深入浅出地展开论述。能把怎样讲好党课阐述得如此明白，如此生动，令人钦佩。

本书作者长期在党政机关工作，既有从事具体工作的实践，又有担任多岗位领导职务的经历。他善于总结提炼，对很多问题都有深刻的思考和见解，出版了多部专著，如《哲学的力量——艾思奇留给我们的精神遗产》《学习就是力量——做一个成功的学习者》等。其著作善于借事喻理、语言生动鲜活，浅显时显露真知灼见，深奥时不显艰深晦涩。

特别值得一提的是，前段时间，为帮助党政机关工作人员提升专业素养，提高工作效率和工作质量，我们策划的“机关工作实务丛书”，也由任仲然同志撰写。该丛书包括《怎样开会》《怎样调研》《怎样写作》三种，从机关工作实际出发，总结提炼了开好会议、搞好调研、写好公文的方法经验，出版后产生较好反响、受到读者广泛欢迎。这次能够请他担纲撰写《怎样讲党课》，是我作为编者非常开心的事。相信读者也会喜欢这本书，并从书中获取有益的养分。

陈庄

2020 年 7 月

写作说明

写这本小册子，与我此前写的《怎样开会》《怎样调研》《怎样写作》有一定关系，都是党建读物出版社的同志出题目，由我以自己的切身经历和经验“做文章”。现在看来，按工作实际需求写作，结合实践经验选题写作，的确是个好主意。

《怎样讲党课》的写作，注重的是实际操作，与前几本小册子一样，出发点和落脚点仍然放在“怎样”这个着眼点上，贯穿全书的逻辑关系是党课“讲什么”“如何讲”“怎样讲”。在写作过程中，我更多关注的是目标导向、问题导向和实效导向的对接与契合。

为此，我尽可能把内容与形式一致起来，围绕内容讲形式，列举形式讲内容，更多的是为读者提供切实可行的“讲法”——讲党课常用、实用、好用的方式方法。

本小册子共有十一讲，就章节来说，称之为“党课十一讲”也未尝不可。但这个“讲”不是指党课的“讲稿”（其中确有一些讲稿），而是要讨论如何把党课讲实、讲准、讲深、讲透的“讲”。

第一讲带有绪论的性质，对党课先来个追根溯源，对党课制度建设的历史脉络也作了个简略回顾。

第二讲到第五讲，试图回答党课讲什么基本内容的问题，以及讲这些内容的适宜方法，侧重点放在了党课基本内容的“讲法”上。

第六讲到第八讲，主要从基层党组织书记、党员领导干部、专家以及党校等层面，回答讲课主体如何讲好党课的几个问题。

第九讲和第十讲，侧重推介党课的一些创新形式，包括近年来各地各单位探索形成的轮流讲党课、互动讲党课、集体讲党课，微党课、故事党课、电影党课、情景党课等行之有效的新形式，当然并未忽略与党课内容的衔接融通。

第十一讲主要强调互联网对讲好党课具有强大的平台打造和质效优化能力，推荐了“互联网 +”五种新型党课，以探索建立党课质量和效果评价机制为本小册子的结尾。

这十一讲之间的关系既是递进的，大体上又是能够并行并列的。每一讲均可独立成章，目的是力求使读者看完其中的一讲两讲，就能知道某类内容党课的讲法，知道某类讲课主体如何讲好党课，并能了解掌握党课的一些创新形式。这本小册子可以“选择看”“跳着看”，对哪一讲感兴趣就看哪一讲，可以从前往后看，也可以从后往前看，还可以想看哪讲就看哪讲。

无论是内容还是形式，我都力求考虑到不同领域党建工作实际，并且注意介绍各级各类党组织开展党课教育的好做法好经验。

需要引见的是，我的老朋友老石，他是书中的主要人物。其实，从《怎样开会》《怎样调研》到《怎样写作》，老石一直在帮我的忙。在《怎样写作》中，老石的“徒弟”小严也加入进来，在这本小册子中，小严的作用发挥得更充分了。如此一来，《怎样讲党课》便又成了“锵锵三人行”了。

老石做党务工作的时间比较长，从担任省厅机关党委副书记算起，组织党课活动和直接讲党课，已经有三十多年“资历”了。他不但经验丰富，而且能主动自觉紧跟新时代的步伐。十多年前，他就尝试过微党课和集体党课等新型党课。小严是中央党校的研究生，从乡镇党委组织委员干起来的，在党委部门工作的时间也不短了，他经常策划组织不同类型的党课活动，不但自己经常讲党课，还为领导准备党课讲稿和课件，喜欢学习思考研究，创新意识比较强。有老石和小严的帮助，我的写作思路和空间开阔多了。

书中引用党的历史文献，主要来自《建党以来重要文献选编（一九二一——一九四九）》；引用党的有关制度规定，主要来自中央权威部门汇编的中国共产党党内重要法规；引用的讲稿和事例等，多来自老石和小严撰写的党课讲稿（提纲）及他们讲党课的录音整理稿。

《怎样讲党课》的写作时间，主要在 2019 年 12 月中旬到 2020 年 3 月初，正是新冠肺炎疫情肆虐神州大地的时段。在这令人难忘的两个多月里，我虽然未能投身到抗疫一线，但的确也没有虚度这段时光。当下，新冠肺炎疫情已经得到有效控制，云开雾散之时，我也该交书稿了。

再次感谢党建读物出版社的各位同志，有你们给我压担子，我也算是比较“出活”吧。

特此说明。

任仲然

2020 年 7 月

目 录

第七讲　领导干部如何讲党课

第八讲　专家如何讲党课　党校如何上党课

第九讲　轮流讲党课　互动讲党课　集体讲党课

第一讲

党课的历史及其制度沿革探究

作为专职党务干部，我的两位朋友老石和小严对党课的历史及制度沿革都有深入的研究。他们的共同看法是，中国共产党建立之初，党课这一党内教育和政治生活的重要形式就开始萌发了，但尚未使用“党课”这个规范的名称，而且在较长一段时间里，也没有明确写入党的有关制度规定之中。

小严刚开始研究党课历史的时候，试图从党课这个名称的角度检索历史文献，却发现史料缺少刚性支撑。后来他逐渐意识到，我们党的党课历史悠久而深远，几乎与党的建设史形影相随，党课与党的会议、与党校有着相连相通的渊源关系，两个渊源时而并行，时而交叉，你中有我，我中有你，一直延续到了今天。

广义的党课，最初是在党校讲授的，主要是讲党的基本理论和基础知识的课程。狭义的党课，则是在党的小组会、党支部委员会、党员大会上以讲课的形式对党员进行的党内教育。无论是广义的党课还是狭义的党课，它们最初都是以“准党课”的形式出现的，然后渐次发展为“标准党课”，而且与党的会议的关系、与党校的关系相当密切。

下面就请读者和我一起对这两个渊源关系进行分别考察吧。

1. 党课与党的会议的渊源关系

老石建议小严，考察党课的历史脉络及制度创建，视野可以放得更宽广一些，如果从源头上研究党的会议制度，便能够找到党课研究的一个重要切入点。

在党的制度建设体系中，有一项与广大党员关系最为密切的“打捆”

制度，那就是大家经常说的“三会一课”制度——支部委员会、党员大会、党小组会和上党课制度。应当注意的是，“三会一课”制度并非互不相关的四个制度，而是紧密相关的“制度群”，其中党课制度的融入性最强。比如，在党员大会、党小组会的议题中，就包括上党课的内容。起码可以说，党的基层组织上党课，主要是在党员大会和党小组会上进行的。特别是从延安时期到“文化大革命”前夕，党员大会、党小组会与党课往往是融为一体的。改革开放后，“一课”的要求进一步制度化，与党的会议制度联系得更加紧密。

我们知道，党员都要参加党的会议和活动，学习党章党规和党的理论，接受党组织的教育培养，不断加强党性锻炼，提高党性觉悟。这也是各级党组织开展的经常性工作。那么，党的历史上，对此有什么制度安排呢？毫无疑问，通过召开党的会议上党课，亦是一项具体的制度安排，我们党最初的党课便是以会议形式出现的。若想进一步证实这个判断，大家可以回顾一下党的早期历史有关会议制度的规定。

1922 年 7 月召开的中共二大通过中国共产党的第一个党章，第三章第十一条规定：

> 各组，每星期由组长召集会议一次，各支部每月召集全体党员或组长会议一次，各地方由执行委员会每月召集各干部会议一次……

二大党章十分简单，没有对这些会议议题及内容作出规定，但对召开组长会议、全体党员会议、执委干部会议有了制度规定。不言而喻，这些会议除了研究讨论具体的革命行动外，经常性事项就是向党员讲解传播党的政治主张、基本理论和基础知识，着重解决思想建党和政治建党的问题。

1923 年 11 月召开的中共第三届第一次中央执行委员会全体会议，制定的《教育宣传问题议决案》的规定就比较明确了，这个议决案使党内教育的制度建设及上党课的规定，又往前迈出了扎实的一步：

> 各小组之政治讲演（除现时政治问题外，最好每组以党纲草案为根据逐段讨论研究——此于新加入之同志有大益处）。
>
> 各小组之组织原理讲演（以章程为材料）。
>
> 以上各种材料及讲演员之分配当由各地方教育委员负责——每月报告中央教育委员会。

此议决案的表述，显然近似于关于上党课的规定，从中可以捋出三个要点。一是这个议决案提出了在小组内进行“政治讲演”“原理讲演”的要求；二是将“党纲草案”和“章程”等规定作为上述两种讲演的“根据”，并且要“逐段讨论研究”；三是有关“材料”和“讲演”的安排等情况，每月由地方教育委员负责向中央教育委员会报告。据此三点，我们可以这样理解，在遵循二大党章的基础上，中央执委会又规定了党小组（当时基层党组织的基本单元，类似于后来的党支部和党总支部）会议包括带有上党课性质的具体内容。

1924 年 11 月发布的《中央通告第二十一号》，对有关事项又进一步作了明确和强调，党小组及地方会议至少要做到下列各事：

> （一）小组及地方会应照例举行，不得间断；
>
> （二）开会时应常常提出具体的政治问题讨论，依本党机关报之主张，以教育各个同志；

（三）负责党部或组长，应规划工作，分配各个同志担负训练各同志使成为真能行动的党员；

……

请读者特别注意通告第二条的规定，这个条款有四个关键点。（1）明确了“开会”的形式要求，上党课便是通过召开党员会议方式来进行。（2）强调了“应常常”的时间要求，或一个星期，或一个月，都要组织党员开会。（3）开会干什么？通告的规定是，提出具体的政治问题进行讨论。这里的“讨论”一词是广义的，讲授和解读也是题中应有之意。（4）开会的内容与目的是什么？即是要“以党机关报之主张，以教育各个同志。”由于当时条件的限制，党的理论书籍严重缺乏，党的文件体系尚未成熟且难以及时送达基层党组织，党的机关报则是传达党的政治主张的主渠道。“常常”也好，“提出”也好，“讨论”也好，讲党的“主张”也好，目的就是“教育各个同志”——通过传达、学习、讲授、解读、讨论等党课形式，进行经常性的党内教育。

从二大党章，到中共三届执委会议决案，再到中央的一些通告，我们可以看清的轨迹是，中国共产党在初创时期，就一步紧接着一步积极推进加强党内教育有关会议的设计及实施。与此同时，党课实践持续展开，会议等有关制度逐步明确具体，与党课有关的制度便开始酝酿建立和不断完善了。

2. 党课与党校的渊源关系

以上是对党课与党的会议渊源关系的简要考察，接下来我们再大略考察一下党课与党校的渊源关系。

建党初期和国共合作时期，中国共产党就特别重视党内教育和党校建设。1924 年 5 月中央执委会扩大会议作出的《党内组织及宣传教育问题议决案》，其中有一条指出了党内教育的重要性和设立党校的紧迫性：

党内教育的问题非常重要，而且要急于设立党校养成指导人才。

由此引申出的认识是，加强党内教育和设立党校都与党课密切相关，加强党内教育需要有固定的形式和载体，设立党校的目的之一，就是要讲“党的课程”。

1925 年 10 月刊印的由中央执委会扩大会议制定的《组织问题议决案》和《宣传问题决议案》，对党员教育训练和党校形式的规定更加详细：

中国共产党的作用增加许多倍——一方面是要集中和组织无产阶级，别方面还要给他们以政治上的训练和教育……

所以支部的鼓动工作，一刻都不应当离开这支部的实际环境，各支部的鼓动应当取材于各该支部日常生活中为党及工人阶级奋斗的问题。

现时党内所有的力量，只能开办下列两种形式的党校：（一）各地委之下的普通的党校，造成群众的鼓动员。这种党校应当是工人的，毕业期限至多不过一月或一个半月。（二）区委之下的高级党校教育一班政治智识较高的同志和已经有工作经验的同志——造成能够办党的、能够做成负责任的工作的人才，毕业期限不要过三个月。

议决案中区分了“普通党校”和“高级党校”两种形式，这也是接下来我把安源党校归类为“普通党校”，把中共北方区党校归类为“高级党校”的依据。对议决案的有关内容，可以作出这样的诠释：我们党对党员教育培养的一个主要途径是通过上党课进行的，实现这种教育的一个重要场所便是各级党校。最早的党课一般是在党校里或训练班上讲的，后来上党课的场所和载体越来越多样化，许多地方党组织和基层党组织都相应开展了党课教育。

1926 年 1 月 5 日，北京的那个夜晚并不算太寒冷，新街口的蒋养房胡同 68 号院落，一个面积不大的房间里亮着昏暗的灯。一位名叫卓恺泽的老师，正在用低沉而坚定的声音，向几十名学员讲授“如何成为‘七好’党员和团员”的课程。这些学员都是经北京及周边党组织推荐来的，多数是共产党员，少数是共青团员，也有个别是入党积极分子。卓老师讲得有板有眼，时而提问，时而答疑，从晚饭后一直讲到深夜，学员们听得如饥似渴，意犹未尽……

这就是经中共中央批准，由中共北方区委筹建的中国共产党的第一所“高级党校”——中共北方区委党校，它在北京教育局注册的校名是“北京职业补习学校”。李大钊、赵世炎等领导人，这一段时间里经常根据教学安排，来党校讲课，并指导教学工作。罗亦农是校长，他在党校与学员们同吃同住，对教学抓得很紧很细，党校就是他的“家”。据有关资料记载，这所党校先后举办了四期培训班，共培训正式学员至少 159 人，另外还有拿着所在党组织开的介绍信来旁听的非正式学员，可惜他们的名单不详。

中共北方区委党校的课程设置，包括《科学社会主义——共产主义》《职工运动的理论和实际》《中国问题》《社会进化史》等，以马克思主义理论和党的方针政策策略为主，着眼于指导工人运动及社会革命实践。

教学的形式，有老师课堂讲授，也有分小组的讨论，还有个别辅导和谈话。从课程科目上看，就能联想到当时党内教育的基本要素和主要内容。

当然，党课的历史并非如此简单，如果再往前追溯，党课现象早就屡见不鲜了。1921 年 7 月建党之后，毛泽东、蔡和森在湖南，陈独秀、李大钊在北京，刘少奇、李立山在江西，都作过近似于党课的演讲或报告。党的创始人讲“准党课”，与卓恺泽在党校讲党课有所不同，特点是挥洒自如，不拘于专项课程，表现出大家气质和风范。

另外，可以称为中国共产党第一所“普通党校”的，首选应该是江西萍乡的安源党校（团校），它创立的时间比中共北方区委党校早，但保存下来的史料不太翔实。这所党校是中共安源地委设在“矿区的一所党校”，而中共北方区委党校则是设在北京的“大区党校”（当时中共党组织只分“北方区”和“南方区”两个大区）。

中共第一所“普通党校”创办的经过是，1924 年 10 月底，中共安源党、团地委召开联席会议，决定合办党校（团校）培养训练党团骨干力量。筹办工作得到了刘少奇的支持，安源路矿工人俱乐部为党校腾出了校舍。当年 12 月，安源党校正式开学，学员 60 人，一个初级班，一个高级班，初级班学员是工人中的党员团员，高级班学员是学生中的党员团员，初级班文化补习的任务更重一些。

起初学员们在一个叫“八十间”的地方上课，后来搬到安源工人子弟学校第一校，环境和条件有了改善。授课教材是瞿秋白等人翻译的《政治经济浅说》《俄共党史》和《少年运动史》，还有《社会发展史》。授课时，教员依据教材，用工友熟悉的语言，从原始社会讲到袁世凯复辟称帝、与日本签订丧权辱国的“二十一条”止，各门课程结合社会现实问题都非常紧密。刘少奇曾到安源党校讲过课。

1925 年 5 月，由于内部和外部多种原因，安源党校两个班合并为一个班，学员减少到30人，党校的课程也进行了压缩，但增加了讲授党的“四大”重要议决案的课程。这个变化表明，那个年代按部就班搞党校教育难度很大，但课程设置距离现实斗争的需求愈加接近，党课的意味愈加浓厚。

3. 以恽代英的“党课文稿”为例

综合分析党史文献，老石得出的结论是，中国共产党的党课与党的会议、党校同时诞生，而这之前的“准党课”就有效发挥了教育党员的重要作用。尤为重要的是，我们党早期领导人所进行的党课实践，为党课制度的形成奠定了坚实基础，起到了率先垂范的作用。

让我们继续用一些珍贵的党课文本来说话吧。1925年8月22日，中共中央宣传部秘书长恽代英发表在《中国青年》上的《民族革命中的共产党》一文，可称得上是中国共产党“党课文稿”的较早版本。他用五个“有人说”列出并回答了五个问题：

（一）有人说，无论共产党怎样努力，中国现在总是不能够实行共产主义的。恽代英反问到：谁看见共产党在“现在”要实行共产主义？他指出有两类人会犯这样的低级错误：只有老顽固到“将来”亦不要实现共产主义，只有大空想家在“现在”便居然要实现共产主义。从两个“只有”的阐述，就能看出恽代英写党课讲稿的水平的确高，几句话就把“现在”与“将来”的关系讲得十分精辟。

（二）有人说，共产党将来要主张无产阶级专政，是于“民治主义”有妨害的。恽代英一针见血揭露了民治主义的虚伪性：至多能给予农民、工人以投票权，使他们好为缙绅之士“抬轿子”凑票数；或是给予农民、工人些微的恩惠，使他们能享受资产阶级在革命中所得利益万分之一的余沥，如是而已。在这部分内容中，恽代英还阐明了无产阶级专政的实质。

（三）有人说，共产党在今天主张阶级争斗，有妨害于各阶级联合的民族革命。恽代英直截了当地告诉读者：阶级之间的有争斗，是从古已然的，只要一天还有资本家、地主剥削工人、农民的事，这种争斗亦是无法避免的。只有为这种资本家、地主做走狗的人应当反对这种争斗。也就是说，阶级斗争不是谁愿意或不愿意的事情，而是“从古已然”“无法避免”的，共产党只是承认和顺应了这种客观必然性。

（四）有人说，共产党既是有自己的主张，不应当都加到国民党里面，用国民党的名义作各种活动。针对此说法，恽代英分析了共产主义与三民主义的关系，睿智地写道：说这种话的人，一定是连国民党的三民主义亦不了解，或者根本不懂革命党是什么东西，否则至少亦是挟有客气偏见，所以才说出这种可笑的话来。毋庸讳言，党课就是要传播共产主义的真谛，并且还要阐明共产主义与其他主义的关系，澄清模糊认识和纠正错误思想。恽代英这篇文稿旗帜鲜明做到了这一点。

（五）有人说，共产党员既加入国民党，不应当在国民党中为共产党吸收党员，更不应在国民党中有挑拨的事情。就这一指责，恽代英针锋相对连续发出两个反问：假令共产党的理论与主张，敌不过国民党，为什么国民党员会被他们吸收去？假令共产党的理论与主张，确实比国民党要好些，有什么力量能够禁止共产党在国民党中吸收党员呢？关于在国民党中发展党员的事情，恽代英发出的这两个反问都是有确切答案的——国民党的理论与主张敌不过共产党，社会上没有什么力量能够阻止共产党的理论和主张，没有什么力量能够禁止共产党在国民党中吸收党员。

小严对恽代英十分敬佩，认为他是一个非常优秀的党课“高级教员”，建议领导干部撰写党课讲稿，虚心学习他这种表述风格。从恽代英留下的文稿中，我们能够轻而易举读出“党课文稿”的味道。1926年10月1日，恽代英在《少年先锋》上发表《怎样做一个共产党员》，文章主要内容就是解读共产党员的标准，几乎就是一份名副其实的“党课提纲”，这里只引用其中的一小段。

要能够确实有决心谋农工阶级的彻底解放，打倒一切寄生的压迫阶级——地主、资本家。

共产党员决不迷信任何个人的力量，亦不迷信他自己的能力；凡相信离开了群众的力量，仍旧可以解放甚么人的，一定不配做一个共产党员。

共产党员是党的一个细胞，共产党的每个细胞都要是很健全而富于活动力的细胞。

恽代英的文稿，蕴含着党课的各种要素，其中有确立理想信念的要素，有坚定政治主张的要素，有澄清事实真相和理论是非的要素，还有介绍党的大政方针的要素，等等。说得直白一些，我在阅读恽代英的文稿时，直接的感觉就是在阅读说服力和感染力极强的党课讲稿。他用大众化的质朴语言，说理论理，解惑释疑，表达党的政治立场、政治理念和政治追求，对广大党员和群众进行无产阶级革命理想信念宗旨教育，同时对歪理邪说进行批判反驳。

其实，我们党早期领导人的一些言论史料，都具有恽代英“党课文稿”的味道，有的甚至看起来就是标准的党课讲稿。与今天党课讲稿有所不同的是，疾风骤雨年代党课内涵中的革命性和战斗性要素更强，更接近阶级斗争的前沿阵地。

我们如果再继续放开研究视野的话，还可以从马克思、恩格斯写《共产党宣言》开始研究党课的历史。当时的共产主义者同盟和后来的共产国际，以及世界各国无产阶级政党，都程度不同地重视对其成员的教育，重视对“同情者”“同路人”的引导，以演讲、报告、研讨等方式讲解传播“党的课程”。然而，可以毫不夸张地说，在世界各国政党（包括资产阶级政党）中，我们中国共产党是最重视对党员教育培训的，最重视党课这一特定教育方式的，最重视在实践中不断建立完善相应制度规定的。

正如本讲第二节所描述的场景再现那样，卓恺泽在中共北方区委党校讲的那堂党课，体现了中国共产党的党课与党校相伴相生发展的过程。老石对这种趋势的概括是，就实践探索而言，“先有党的会议和党课，后有党校”；就制度规范而言，“先有党的会议制度，后有党课制度”；党课可以在会议上讲、在党校里讲，也可以在会议和党校之外讲，没有必要对场合和表现形式过分强调，讲的实质内容才是最重要的——恽代英就是通过发表文章实现上党课目的的。

4.“陈毅报告”和古田会议对党课制度的贡献

较为宽泛地说，党课就是党内的思想课、政治课、组织课、纪律课、作风课，党组织对党员及入党积极分子的教育课。与之相关的推论是，党课的历史亦是不断加强党内教育的历史，还是不断强化思想建党和政治建党的历史。“党课”这个名称的正式确定经历了一个约定俗成的较长过程。

1929 年 9 月陈毅撰写了《关于朱毛红军的历史及其状况的报告》，即党史上著名的“陈毅报告”。他向党中央报告了红四军进行“政治训练”的主要做法，其中一些内容对我们今天考察党课的历史有一定帮助：

（一）讲演，由官长召集全体讲话，或作政治报告，或作生活批评，或作工农运动概况报告等。

（二）讲课，在军队有三日的休息，作每日必有一小时政治课，由党代表担任去讲。这个讲演比较有计划的，或定于一月讲演许多题目，这些题目是可以连贯的使士兵得到一些有系统的政治智识。

从陈毅报告的红四军开展政治训练的这两个做法，读者不难发现我们党在军队讲党课的制度正在形成。实际上，报告是总结了毛泽东、朱德领导的红四军开展政治训练的两条经验，一条是“演讲”，一条是“讲课”，无论是形式还是内容，似乎都能够看到党课的雏形。小严曾经兴奋地对老石说：“我越看陈毅的这个报告，就越觉得红四军当时已经就有了比较明确的党课制度了，‘政治训练’‘政治课’‘政治报告’，这些概念都是对党课的原初表述。”

研究党课的历史，还有必要挖掘古田会议的深层意义。1929 年底中国共产党红军第四军第九次代表大会在福建省上杭县古田村召开，毛泽东起草的古田会议决议，前所未有地突出强调了党员教育问题，并提出了以会议等方式对党员进行教育的具体措施：

红军党内最迫切的问题，要算是教育的问题。为了红军的健全与扩大，为了斗争任务之能够负荷，都要从党内教育做起。

各级党部的工作做到了解决问题，但完全忘却了教育同志一个任务。关于训练性质的会议，如活动分子大会，书、宣、组联席会，支部大会，纵队或支队党员大会等，非常开得少。

支部会议的重要意义，第一是解决问题。一切斗争的问题，内部的问题，都要在会议上集中讨论去解决它。第二是教育同志。会议不仅解决了问题，而且在解决问题的过程当中，要考查问题的环境，要参考上级的指示，这样就发动了同志们的心思才力，由会议的政治化与实际化，同志们每个的头脑也都政治化实际化了。

要把会议的重大意义时常对同志们提醒，尤其是新党员及工作不积极的党员。

对以上内容，需要再加一点注释。毛泽东强调的“党内教育”，其中包含着接近于党课教育的形式，尤其是提到“训练性质的会议”，这就更像是上党课了。当时“训练”一词涵盖的意思比较广，特定场合下指的便是上课讲课，对党员进行教育培训。我的看法是，关于“支部建在连上”的规定，决议中不仅有组织形式的要求，还有政治思想建设内容的要求。因此，大致可以将“训练性质的会议”理解为适合于“上党课的会议”，即古田会议决议规定的党内教育形式，已经有了党课设计和实施的意图。

在古田会议决议中，更能具体反映党课要素的是“士兵政治训练问题”部分的第二点——方法。其中指出，要“上政治课，以支队为单位上课，教授以支队政治委员为主任，大队政治委员分担各课”，并列出了讲政治课的十种方法：启发式、由近及远、由浅入深、说话通俗化、说话要明白、说话要有趣味、以姿势助说话、后次复习前次的概念、要提纲、干部班要用讨论式。毛泽东的这些细致入微的提示，无疑就是在教政治委员们如何上好党课。

老石非常看重这十种方法的价值，他认为即便是现在讲党课，也应当充分运用好这十种方法，以后举办怎样讲党课的培训班，完全可以按照这十种方法对学员进行实操训练。

5. 毛泽东在延安讲党课

到了延安时期，由于党的核心层带头讲党课，我们党的党课实践水平得到了大大提升。毛泽东、朱德、张闻天等中央领导同志，都到中央党校、抗日军政大学、陕北公学等校“讲党课”。那时的党课已经比较规范了，在窑洞前的广场上讲大课、听大课成了延安的一道风景。这个时期留下了我们党党课一段辉煌的历史，老石认为完全可以作出这样的判断：中国共产党的党课在此时进入了成熟期和定型期。

有一份珍贵的历史文献，记录了毛泽东 1938 年 8 月 22 日在中央党校讲课的详细情况，我觉得这是他讲的一次“标准党课”，讲课的这份记录稿可认定为毛泽东的党课讲课提纲。这份讲课提纲的题目是“当学生，当先生，当战争领导者”，他开头的第一句话，便作了幽默的自我批评：

> 同志们，说了很久要来讲话，但回回没有来得成，很对不住。

这是多么实在而风趣的开场白啊！一下子就拉近了毛泽东与大家的距离。

接着第二句话，他就直奔主题了：

> 今天讲三个问题。第一，当学生；第二，当先生；第三，当战争领导者。

毛泽东一上来就把要讲的“三板斧”交代清楚了，言简意赅，干脆利索。在怎样当学生这部分，他讲得颇有特色，都是十分深刻而新颖的高见：

学校虽只几个月，但学了一个方法，除了方法以外，还有什么没有？没有了，真的没有了。党校所学的是马列主义的方法、革命的方法、群众工作的方法、党的工作方法。

中国也可以有列宁、马克思，党校七百人中间出一二十个马克思，并不稀奇。

短短几句话，毛泽东对方法的竭力推崇溢于言表，尤其是对“四个方法”的定位非同一般，同时也反映出了他讲党课的语言特征。首要的方法是马列主义的方法，其次的方法是革命的方法，然后是群众工作的方法，落脚的方法是党的工作方法。

学员在党校主要学什么？主要学方法，掌握方法。“除了方法以外，还有什么没有？没有了，真的没有了。”对方法的如此重视，对四个方法的高度概括，我们当下的认知和实践仍然有一定差距，尤其在加强党内教育和讲党课的方法论上，还有许多知其然不知其所以然的地方。

另外，在此处毛泽东还表达了对党校教育的极高期望值——党校不仅要出干部出人才，还要在七百人里面培养出“一二十个马克思”，这是何等的“雄心壮志”啊！当然大家都知道，这是毛泽东给中央党校设定的一个理想化目标，也是对学员们的一个理想化希望。

6. 周恩来在重庆讲党课

有充足的史料记载，中央领导和高级干部带头讲党课，不仅在延安及各根据地蔚然成风，就是在“国统区”的党组织中也有很好的实践。1943 年 4 月 22 日，周恩来在中共中央南方局为向干部做报告写了一个提纲，题目是“怎样做一个好的领导者”。在这次党课上，周恩来一共讲了九个问题，第二个问题是关于领导者的立场，他讲道：

> 党的立场就是领导干部的立场，但这样说太简单了，分开来具体说说，有下列几点：
>
> （一）要有确定的马列主义的世界观和革命的人生观。
>
> （二）要有坚持原则精神。
>
> （三）要相信群众力量。
>
> （四）要有学习精神。
>
> （五）要有坚韧的奋斗精神。
>
> （六）要有高度的纪律性。

上述六点立场，每一点无疑都可以作为党课的主题。周恩来讲的第七个问题是关于领导艺术的问题，第九个问题是关于工作作风的问题。每个问题都相当朴实生动，入木三分。周恩来概括了领袖论领导艺术和工作作风的特点，个性化十足，没有抽象的大道理，都是活灵活现的点睛之笔。

向周恩来学习讲党课的方法，就是要重点学习他精确的概括力和表达力：

> 列宁、斯大林论领导艺术，不可跑得太前，也不可落在运动后面，而应抓住中心一环，推向前进。
>
> 毛泽东同志论领导艺术，要照顾全局，照顾多数，以及和同盟者一道干。
>
> 列宁的工作作风是：俄国人的革命胆略；美国人的求实精神。

毛泽东同志的工作作风是：中华民族的谦逊实际；中国农民的朴素勤勉；知识分子的好学深思；革命军人的机动沉着；布尔什维克的坚韧顽强。

周恩来这段对列宁、斯大林、毛泽东论领导艺术和工作作风的概括，实而又实，准而又准，真的是大写意传神韵——“不可跑得太前”“抓住中心环节”“和同盟者一道干”，概括和表述得恰如其分，画的“像”非常准。列宁的工作作风只有两句话，“美国人的求实精神”竟然也能“二中居一”，足见周恩来是多么看重求实精神。对毛泽东的工作作风，周恩来尤为熟悉深得要领，所以更能讲出高度和实度来，而且把民族、阶级、学识、军事、党建等要素讲得一应俱全，每点概括表述都很鲜明真切，不仅仅是工作作风的突出特点，还是意志品格、性情气质、领袖素养的固有属性，都是领导者应该努力效仿和设法具备的条件。

7. 党课制度的不断完善健全

中华人民共和国成立后，我们党的党课实践全面展开，制度建设不断规范具体，各级党组织都非常重视运用上党课这一形式开展党内教育。到 1957 年前后，上党课已经成为各地各级党组织进行党内教育和党内政治生活的一种常态，党课的内容和时间都有了明确要求。党课作为加强党内教育的主要抓手，作为“三会一课”的重要内容，已经成了各级党组织开展活动的“大品牌”。但在中央层面上，仍然没有特别具体的专项制度规定，地方和基层丰富多彩的党课实践及制度建设，一如既往走在了前面。

我记得自己第一次听党课是在1976年底，1938年入党的机械厂党委书记（在厂里大家都叫他“老八路书记”）讲述自己的入党经历。其中说到一个细节，他的入党申请书是在班长帮助下写的，班长引导启发他，他便说出自己的感受体会，班长就如实记录下来，变成了入党志愿书。老八路书记说：

> 我的入党申请书只有半页纸，但那是按了红红手印的，我会牢牢记上一辈子：不打退堂鼓，不说二话，为共产主义奋斗终生是铁了心了。
>
> 从那以后，我识了字，能看报读书了，后来当了班长、排长、连长、营长，解放战争和抗美援朝都没落下，现在能批文件和写讲话稿了。

当时，听了老八路书记的党课很受教育，我回到家就再次写了一份入党申请书，后来还写了一篇两千多字的思想汇报，加入党组织的愿望更加迫切了。

改革开放以来，“三会一课”的实践愈加向纵深发展，相应的制度建设得到进一步加强，中央层面的有关规定开始具体化。比如，保持共产党员先进性教育活动结束后，2006年6月中央办公厅印发了《关于加强对党员进行经常性教育的意见》，文件中就要求“认真执行‘三会一课’制度,”党员领导干部要“坚持每年给党员讲党课”。

关于党课最高层次、最具权威性的制度建设，当属2016年10月党的十八届六中全会通过的《关于新形势下党内政治生活的若干准则》。这个准则对“三会一课”和党员领导干部讲党课制度，都作出了明确具体的规定：

党的组织生活是党内政治生活的重要内容和载体，是党组织对党员进行教育管理监督的重要形式。必须坚持党的组织生活各项制度，创新方式方法，增强党的组织生活活力。

每个党员无论职务高低，都要参加党的组织生活。党组织要严格执行组织生活制度，确保党的组织生活经常、认真、严肃。

坚持“三会一课”制度。党员必须参加党员大会、党小组会和上党课，党支部要定期召开支部委员会会议。“三会一课”要突出政治学习和教育，坚决防止表面化、形式化、娱乐化、庸俗化。领导干部要以普通党员身份参加所在党支部或党小组的组织生活，坚持党员领导干部讲党课制度。

8. 执行党课制度的六个要点

以上介绍了党课的历史以及党课制度建设的来龙去脉。我们在加强党的思想政治建设和深化党课实践过程中，要认真执行“三会一课”制度，尤其要认真贯彻落实《关于新形势下党内政治生活的若干准则》（以下简称《若干准则》），使党课制度更好地落地见效，发挥更重要的作用。老石的建议是，各级党组织执行党课制度，应当以《若干准则》为主要依据，切实把握好以下六个要点。

第一，党课既是党的组织生活，又是党组织对党员进行教育的重要形式，更是党内政治生活的重要内容和载体。

这是《若干准则》对党课的重要定位，使党课的制度设计上了一个新台阶——上党课不仅是对党员进行经常性教育，不仅是党员过党的组织生活，更为重要的是党员参加党内政治生活的具体体现。基于这样的定位，才能有力凸显党课在优化党内政治生活和加强思想政治建设中的特有功能，有利于防止把党课搞成一般化的日常活动。

第二，严格执行党课制度是刚性要求，不能应付了事打折扣。

一是党组织必须坚持党课制度。任何制度都应当体现规定的刚性和执行的刚性，各级党委（党组）和基层党组织，上党课要有计划安排，要做充分准备，不能“找个专家对付对付”。

二是每一位党员都要接受党课教育。这是党员应有的权利，也是党员应履行的义务，是党员就要听党课，不能有不听党课的特殊党员。

第三，党课要突出思想政治教育。

正如“陈毅报告”和古田会议决议所说的那样，党课还要解决党员的政治觉悟和思想认识问题，在党内军队内要进行政治训练和上政治课。切记党课不是业务课，也不是一般的知识讲座，所以要处理好讲政治与讲业务的关系。政治性是党课的根本属性，党课一定要姓党，不能有其他“姓氏”。不能以讲业务知识代替讲党课，不能偏离应有的主题旨意。

第四，上党课要坚持经常，严肃认真。

一要坚持经常。通常党课应当每季度讲一次，并且要有计划，上下对接，防止无序。党支部、党总支均要上党课，各级党委也要组织党课教育，坚持经常，切不可搞“一阵风”。也不能“扎堆”讲党课，频率过高过多，亦会适得其反。

二要严肃认真。做表面文章讲一些“假大空”的虚话不行，搞形式主义走过场不行，搞说说笑笑自娱自乐游山玩水更不行，党课绝对不能搞消极庸俗那一套。

第五，党员领导干部讲党课不是“提倡”，不是可讲可不讲，而是一定要经常讲定期讲，讲出应有的水平。

关于领导干部讲党课的规定，很必要很重要很管用，对于加强党课教育有很强的现实意义。各级党组织和党员领导干部，都要认真落实这项制度规定，不能三天打鱼两天晒网，要按照计划坚持经常，加大制度落实的力度，关键是要不断提高质量和实效。

第六，要根据党课的内容以及党内教育需求，务求实效地改进和创新方式方法。

一些党组织讲党课的方式方法陈旧，讲的都是照抄照搬的老话套话，引不起党员听党课的兴趣。因此，改进和创新讲党课的方式方法势在必行，我们要采取多种形式讲党课，比如，轮流讲党课、互动讲党课、集体讲党课，还有远程教育党课、故事党课、集体党课、视频党课、微党课等，都是行之有效的好形式。

近年来，讲党课方式方法的改进和创新取得了积极成效，但也出现了一些不良倾向。比如，过于重视形式的新，忽视了内容的新以及形式要为内容服务；在外在表现形式上用的功夫多，在深化内涵和增强实效上用力不够，有的没“改”到正地方，有的“新”偏离了初衷。改进和创新讲党课的方式方法，一定要坚持务求实效的原则，坚持内容与形式相统一的原则，不能搞华而不实、哗众取宠的花架子。

第二讲

党章和党内法规党课的讲法

什么样的课叫党课？党课应当由谁来讲？党课要重点讲哪些内容？这些都是党内教育的重要问题。

2012年底前后，小严到一个较大的事业单位蹲点调研，了解到的情况让人担忧。过去的一年里，这个单位的党委共组织了三次“党课”，第一次请专家讲“发展战略转型”，第二次请文化名人讲“儒家经典”，第三次请企业家讲“管理升级”，每次都支付一万元讲课费。而且这三次上党课都是采取“知识大讲堂”的形式，谁有兴趣谁来听，不愿意听也可以不来听。

小严认为这三次所谓党课，纯属是“种了别人的地，荒了自己的田”，他们把党课的内容搞错了，形式也选错了，犯了南辕北辙、舍本求末的错误。

这里插上一句，小严和老石到外地外单位讲党课，一直坚持绝对不收讲课费，严格做到了分文不取。他们两人觉得，党员干部讲党课还收讲课费，讲课人的品位和党课的品质肯定会打很大的折扣。

《中国共产党章程》是党内教育的“核心课”，讲党课必须讲党章。讲党章必须讲总纲，而且党课还要把党内法规作为主要内容来讲。《关于新形势下党内政治生活的若干准则》《中国共产党廉洁自律准则》和《中国共产党纪律处分条例》，都是非常重要的党内法规，要在党课计划中作重点安排，讲实讲准讲透。

1.《中国共产党章程》——党课的重中之重

首先，我想认真谈一谈上党课如何把党章这一“核心课”讲好的问题。前段时间，有的基层党员反映，本单位按时组织讲党课，自己也听过一些党课，但没有听过专门讲党章的党课。如此情况并非个别，不少单位按时完成了规定的上党课次数，然而缺少专门讲党章的党课，主要精力没有用到党课的重点内容上。“两学一做”专题教育，中央明确规定的第一个“学”就是学党章，但专题教育期间有的单位上党课，却没有讲党章的安排，多是找一些专家搞辅导讲座，或者是用领导讲话充当党课，党章中的重要内容较少提及，甚至被遗忘。

在党的制度体系中，党章是最根本的党内法规，是管党治党的总规矩，是党内的根本大法。党章是对党员进行政治教育的最权威教材，不能束之高阁，不能当成卷柜里书架上的摆设。党内教育首先要进行党章教育，讲党课一定要把党章这个“总规矩”和“根本大法”讲得入脑入心。偶尔讲一次不行，要根据不同需要、从不同角度经常讲。各级党组织都应该组织党员深学细悟党章，不但要给入党积极分子讲，还要给广大党员和领导干部讲。

1923 年 11 月召开的中共第三届第一次执行委员会全体会议议决案明确规定，要“以党纲草案为根据”“以章程为材料”对党员进行教育。九十多年前的这个议决案，不但有历史意义，至今仍然有现实意义。上党课就是要有党纲党章意识，用党的纲领和党的章程教育每一位党员和入党积极分子，统一全党的思想和行动。

无产阶级革命导师对党的章程历来都非常重视，马克思把第一国际的章程称为党内“最高的判决”，恩格斯将党的章程视为党员都要遵守的“共同法律”。著名的《共产党宣言》，就是马克思和恩格斯为共产主义者同盟起草的党纲，它作为国际共产主义运动史上第一个党的纲领和章程，是马克思主义诞生的重要标志。

在我们党的历史上，关于党章有两次非常重要的代表大会值得认真研究，党课亦应把这两次代表大会对党章的突出贡献讲清楚。

一次是党的七大，在党章中首次设置了总纲。在相当长时间里，我们的党章中并未设置总纲，党的二大制定的第一部党章没有总纲，至党的六大通过的党章仍然没有总纲部分。直到党的七大党章，才把总纲增加进去，突出了统领性表述和原则性规定。

1945 年 5 月，刘少奇在党的七大作关于修改党章的报告中指出:“我们现在制定了党的总纲，加在党章前面。这就是我们党的基本纲领。”七大党章总纲的内容确实是全面而权威地概括了党的基本纲领。

另一次是党的八大，为执政党的纲领确立了严谨科学的总体框架和基本理念。1956 年 9 月 16 日，邓小平在党的八大上作的《关于修改党的章程的报告》中指出:“党章的总纲，是我们党的最基本的政治纲领和组织纲领。”“中国共产党已经是执政的党，已经在全部国家工作中居于领导地位。”“执政党的地位，使我们党面临着新的考验。”

老石和我说过他少年时代第一次听党课的难忘经历:

这些年来，自己听了无数次党课，但记忆最深刻的是人生第一次党课。

1966 年我小学即将毕业，学校在暑假放假前组织优秀学生与老师中的入党积极分子一起听关于党章的党课。

记得那是学校党支部书记讲的，印象深刻的是“先进部队”“彻底消灭剥削制度”“实现人类最高理想共产主义”这些说法，后来才知道都是党章总纲中的重要表述。

当时虽然一些内容也没听懂，但已经有了光荣感，多多少少对党有了认识，在幼小心灵中有了入党的愿望，党章意识在我心里从此扎下了根。

领导干部带头讲党课，一项重要任务就是要带头讲党章，系统讲党章的理想信念、立场观点和关于党的建设的规定，全面系统讲党章中的政治主张及制度安排，具体讲党章对党员和党的干部的基本要求。

有种偏差应该予以纠正。有的党组织上党课讲党章，通常是从第一章党员讲起，把总纲忽略了。无论从哪个角度说，党章的总纲都应作为党课的根本内容，只要是讲党章的党课，务必重点讲好党章的总纲部分，关键是要讲清总纲的要义。

老石多次强调过，在安排党课计划时一定要明确：(1）讲党课必须把讲党章放在首位；(2）讲党章必须把讲总纲作为重点；(3）讲党章总纲必须讲“两个先锋队”的性质。这三点是讲党章要依循的“三重递进”。小严在基层党委当专职党务干部时，每年作党课计划都会把讲党章总纲的党课优先安排，并列为领导干部讲党课的必选课、首选课。老石觉得小严这样做是十分必要的，应该予以提倡。

我们要深刻理解，党章总纲关于“中国共产党是中国工人阶级的先锋队，同时是中国人民和中华民族的先锋队”的规定，是对党的性质的集中概括。“两个先锋队”，就是要坚决走在阶级和民族的前列，坚定不移地代表人民大众和国家及民族的根本利益。党课只有把这“两个先锋队”的政治属性讲明白了，党的性质才能从根本上阐述清楚。

然而，在现代政党史上，有两个方面的现象容易被人们“看花了眼”。一个现象是，任何政党都有阶级性，这是毫无疑义的，但同时又越来越变得非显性了，不像从前那样平摆浮搁。另一个现象是，世界上许多政党都号称不带有阶级性，它们虽然本来是代表资产阶级利益的政党，却还要冠冕堂皇地说自己代表所有阶级和社会阶层的利益。这究竟是为什么呢？我的推断是，可能因为它们的政治信念底气不足，也可能因为它们缺少对本阶级的自信，或者可能因为它们的确需要一些包装和伪饰。

百多年来乃至当今，世界上流行的那些所谓普世价值，实质都是占统治地位的资产阶级话语体系的衍生品。他们在内容上有时会做一些“翻新”或“新瓶装旧酒”的活计，形式上有时会给人一些新鲜感，但若用一句老话形容，无非是“换汤不换药”。一些政党坚称自己是公正博爱民主的，追求的权益和目标对人人都有好处，这种政治高调不过是资产阶级、小资产阶级政党的“幌子”。

国际共运史上某些政党，被修正主义和议会道路所误导，致命的错误就在于混淆了党的阶级性，否认阶级斗争的客观存在，总想和社会各阶级各阶层的人“套近乎”，最后自己难逃散伙、破产的下场，留下了沉痛教训。

邓小平在党的八大上指出：“党是阶级组织的最高形式，指出这一点，在今天党已经在国家工作中居于领导地位的时候，特别重要。”政党是阶级（阶层）的政治组织，不是全民全社会的自治组织。从古希腊城邦政党，到当下的欧美政党，没有哪个政党会把政治的“一碗水”端平。各个政党的不同阶级属性，必然决定其政治立场和诉求。

老石讲党章时，把党的工人阶级先锋队性质讲得很实，既讲传统的工人阶级概念，也讲当代工人阶级的内涵与外延，着力把党的工人阶级先锋队的时代特征讲出深刻含义。他认为，如果否定了中国共产党的工人阶级性质，那就等于否定了党的根本属性，否定了党的先进性和纯洁性。这是非常危险的。

诚然，中国共产党成立将近百年，历史条件和社会环境发生了巨大变化，时代的变迁使工人阶级实现了存在形态的演进与扩充，体现出了比较强的延展性和包容性，工人已经不仅仅是“在工厂里做工的人”，工人阶级也已经不仅仅是由“工人”组成的“阶级”了。在我国现阶段，从工会组织涵盖的多样化成员看，工人阶级就包括各行各业企事业单位职工，各领域的知识分子，机关和基层干部，还包括两亿多农民工。对于工人阶级这些新的内涵和外延，我们上党课讲党的性质时，都需要讲明白，也能够讲明白。

关于党的性质，只讲一个先锋队不够，只有把两个先锋队都讲全，才能够全面理解党的性质。中国共产党作为中国人民和中华民族的先锋队，这是一个非常重要的族群属性，在党课中也要讲得具体和深入。

老石讲到这个属性时，表述了他一些思想认识：

> 我们党不是国际性的政党，她的名称叫作“中国共产党”，应该说这是党的国家属性。同时党章规定中国共产党是“中国人民和中华民族的先锋队”，这就涵盖了我国的所有民族，体现了党的民族性，同时也体现了党的人民立场及族群特征。
>
> 如果把“两个先锋队”的性质统筹起来理解，那就是“三性”，一是阶级性，这是基本属性；二是民族性，这是族群属性；三是人民至上性，这是前两个属性的归宿点，即归宿到党的根本宗旨上。

同时，中国共产党是中国特色社会主义事业的领导核心，代表中国先进生产力的发展要求，代表中国先进文化的前进方向，代表中国最广大人民的根本利益，这也很重要，也要讲好。

把总纲讲到位之后，老石继续讲党章的各部分内容了。关键内容不缺失，重要规定展开讲。他还根据听党课的不同对象，讲得有所侧重，尽力避免“一锅煮”的问题。

——讲党员条件时，重点讲“中国共产党党员是中国工人阶级的有共产主义觉悟的先锋战士。”“必须全心全意为人民服务，不惜牺牲个人的一切，为实现共产主义奋斗终身。”党员只有具备这些重要的条件，才能保证党的队伍的先进性和纯洁性。此类内容，对入党积极分子要特别讲，对广大党员也要认真讲反复讲，一条一条讲清楚。从先锋队讲到先锋战士，从为人民服务讲到奉献和牺牲精神，使党员们真正做到一生都牢记实现共产主义理想的初心使命。

——讲党员义务时，要重点讲“贯彻执行党的基本路线和各项方针、政策，带头参加改革开放和社会主义现代化建设，带动群众为经济发展和社会进步艰苦奋斗，在生产、工作、学习和社会生活中起先锋模范作用。”这是党员必须履行的重要义务。要引导党员们认识到，贯彻执行党的路线方针政策和决策部署是义不容辞的义务，不能有任何懈怠推诿。尤其要扎实发挥“带头”和“带动”作用，这是发挥党员先锋模范作用的具体化。

——讲党员权利时，要特别把权利与义务的关系讲明白。权利总是与义务紧密相关的，党员如果不履行义务，只要求享有权利，必然造成行为的失衡失误。党员的权利与义务是相互对应的，同时实现党员权利和义务又是与党组织的职责密不可分的。党员要认真履行自己的义务，党组织要切实保障党员的权利。

——讲党的组织制度时，要从坚持党的民主集中制的六项基本原则讲起，因为这是党的组织制度的核心内容。然后，要强调“党的下级组织必须坚决执行上级组织的决定”“党的各级组织的报刊和其他宣传工具，必须宣传党的路线、方针、政策和决议”“党组织讨论决定问题，必须执行少数服从多数的原则”等基本要求。通过讲党章的这些内容，强化关于民主集中制的“必须”规定。一些具体的组织制度及程序，可在党的基础知识专题党课中讲解。

——讲党的基层组织时，尤其要讲清楚“党的基层组织是党在社会基层组织中的战斗堡垒，是党的全部工作和战斗力的基础”这个重要的堡垒定位和基础定位，逐项介绍和分析基层党组织的基本任务。同时还要讲明白不同领域党组织的政治职责，如国有企业党委（党组）要发挥领导作用，实行行政领导人负责制的事业单位中党的基层组织要发挥战斗堡垒作用，各级党和国家机关中党的基层组织不领导本单位的业务工作。对于这些规定，不但党员领导干部要掌握，普通党员也要有所了解。

——讲党的干部时，“忠诚、干净、担当”这六个字要着重讲。讲党的干部的六项基本条件，不能有取舍或疏漏，每一条都要讲得“板上钉钉”，以强调刚性要求的全面性。党课讲这部分内容，可以结合优秀党员干部的先进事迹讲，把相对抽象的条件讲生动讲鲜活。针对党员干部思想实际和工作实际，着力解决一些干部忠诚的实度不够、干净的纯度不高、担当的责任感和使命感不强的问题。

——讲党的纪律时，首先要树立和强化“两个必须”意识，使广大党员牢记“党组织必须严格执行和维护党的纪律，共产党员必须自觉接受党的纪律的约束”的要求，增强党组织对党的纪律的执行力和维护力，提高党员接受党的纪律约束的自觉性。并且要逐项明确加强党的政治纪律、组织纪律、廉洁纪律、群众纪律、工作纪律、生活纪律的要求，特别要把加强政治纪律的要求突出出来。

讲党章不但要有重点地讲，而且还要与时俱进地讲。每当党章作出重要修改时，讲党章的党课便要专门讲党章的修改内容。党的十九大后讲党章，就要讲实讲深党章修改的新内容。这次代表大会修改党章涉及的内容较多，总纲修改 58 处，条文修改 49 处。党课讲党章的修改，要紧密联系党领导伟大事业取得的辉煌成就，紧密联系党领导伟大工程进行的卓越实践，使党员深刻理解把握修改党章的实质和重大意义。

党的十九大把习近平新时代中国特色社会主义思想同马克思列宁主义、毛泽东思想、邓小平理论、“三个代表”重要思想、科学发展观一道确立为党的指导思想并写入党章，把坚决维护以习近平同志为核心的党中央权威和集中统一领导写入党章，把党的十八大以来党中央推进全面从严治党一系列重大创新成果和行之有效的成功经验写入党章。党章这些重要修改是党心所向，民心所归，反映了广大党员和人民群众的意愿。

党课还要反复讲中国共产党“是中国特色社会主义事业的领导核心”这个极其重要的论断，以此不断统一党员对党的这一基本性质和核心地位的高度共识，对中国共产党的领导是中国特色社会主义最本质特征的高度认同，牢固确立“党政军民学，东西南北中，党是领导一切的”的意识，使广大党员坚信，中国共产党作为中国特色社会主义事业的领导核心，是历史的选择，也是人民的选择。党的领导核心地位不能有丝毫动摇，这是根本性的制度安排和国家富强人民幸福的根本保证。党课讲党章，这些观点一定要理直气壮地讲到关键处。

讲党章是一项非常严肃的政治任务，不是理论研讨，也不是业务培训，要原原本本地讲，对每一条款的讲解都必须忠实原文，严谨周密，客观理性。不能局限于个人的理解，不能过度诠释解读，要严格按党章条文的原意讲，不能添枝加叶或断章取义。上党课讲授党章，可借鉴“法律条文释义”的方法，每一句话都要有充分根据，引用原文，精析原意，确保准确无误。

2. 党内政治生活若干准则的讲法

与党章密切相关的是党内一些其他法规，这些法规在党章的统领下，发挥各自不可替代的作用。一定意义上说，党内的其他法规是党章必不可少的补充，也是党的主要制度规定。党内法规都是硬碰硬的政治规矩，是对党组织职责和党员思想行为作出的制度规范。应该怎样做，不应该怎样做，在党内法规中都规定得明确具体，各级党组织和全体党员都要认真学习、严格遵守。

党的十八届六中全会通过《关于新形势下党内政治生活的若干准则》(以下简称《若干准则》)，毫无疑问是党课必须讲的党内重要法规。党课讲《若干准则》，首先要着眼“党要管党必须从党内政治生活管起，从严治党必须从党内政治生活严起”这一基本要求入题。通过讲《若干准则》的党课，使广大党员清醒地认识到，党内政治生活中理想信念不坚定、对党不忠诚、纪律松弛、脱离群众、独断专行、弄虚作假、庸懒无为等突出问题，严重侵蚀党的思想道德基础，破坏党的团结和集中统一，损害党内政治生态和党的形象，影响党和人民事业发展，一定要坚决制止，彻底纠正。

正由于这些突出问题的存在，讲党课要特别强调，党内政治生活必须坚持党的政治路线、思想路线、组织路线、群众路线，增强党内政治生活的政治性、时代性、原则性、战斗性，增强党自我净化、自我完善、自我革新、自我提高能力，提高党的领导水平和执政水平，增强拒腐防变和抵御风险能力，着力维护党中央权威、保证党的团结统一，保持党的先进性和纯洁性，努力在全党形成又有集中又有民主、又有纪律又有自由、又有统一意志又有个人心情舒畅生动活泼的政治局面。

通过讲《若干准则》的党课，使党员坚定共产主义远大理想和中国特色社会主义共同理想，把对马克思主义的信仰、对社会主义和共产主义的信念作为毕生追求，坚定对中国特色社会主义的道路自信、理论自信、制度自信、文化自信，并将理想信念的坚定性转化为做好本职工作的实际行动。

讲理想信念不能空对空，要联系社会现实问题讲实在讲到位。不但要讲精神层面的内容，还要联系物质层面和经济领域社会事业方面的内容，特别要讲好中国共产党人的初心使命。

一方面要把中国特色社会主义这个共同理想讲得实实在在，因为它就在当下，就在我们眼前，正在实践和实现的过程中；另一方面要把共产主义理想讲得深入浅出，入情入理，既要讲思想来源和理论依据，又要讲社会主义市场经济条件下如何正确理解共产主义远大目标和政治理想。党课讲理想信念要有完整性和彻底性，针对大家的现实关注点和困惑处，讲准理论的逻辑起点和历史走向，讲透实践的焦点难点和敏感点。

讲党章要讲民主集中制，讲《若干准则》亦要讲民主集中制。根据《若干准则》讲党的民主集中制，可以从两个层面予以展开。

第一个层面，根据《若干准则》的规定对普通党员讲。

在这个基础层面，主要讲一些基本内容、基本理念和基本要求，讲坚持民主集中制的必要性和重要性，使每个党员都熟知民主集中制的规定，自觉遵守这一制度。

要把“四个服从”讲得一清二楚：（1）党员个人服从党的组织。党员只有服从组织，全党才能形成统一的整体。服从组织的决定，也是服从大多数党员的意见。（2）少数服从多数。少数人在自己的意见被否决之后，可以保留自己的意见，但必须执行多数人所通过的决议，在行动上不得有任何反对的表示。（3）下级组织服从上级组织。决不允许对上级决策和指示搞实用主义，合意的就执行，不合意的就不执行。（4）全党各个组织和全体党员服从党的全国代表大会和中央委员会。全体党员和党的各级组织都必须紧密团结在党中央的周围，同以习近平同志为核心的党中央在思想上、政治上、行动上保持高度一致。

这“四个服从”是相互联系的有机整体，基本前提是个人服从组织、少数服从多数，根本要求是下级组织服从上级组织、全党服从中央。党课讲《若干准则》这些重要内容，就是要使每位党员都能够全面理解和认真做到“四个服从”。

第二个层面，根据《若干准则》的规定对党员领导干部讲。

小严的看法是，《若干准则》虽然是对全党对全体党员的要求，但尤为重要的是对党员领导干部的要求。党课从这个较高层面讲民主集中制，主要对象应当是由党员担任的各级“一把手”和领导班子成员。

民主集中制的道理他们可能都懂得，但实际执行情况却不太理想，存在的问题有多种表现，其危害是不小的。领导干部是执行民主集中制的“关键少数”，主体责任更直接，政治要求更严格。但在实际工作中，个别“一把手”和班子成员确实存在明知故犯，或者私底下按潜规则办事的问题。那些手上权力和资源比较集中的领导干部，之所以从违规到违纪，从违纪到违法，堕落成腐败分子，主要有这么两个原因。一个原因是思想意识不健康，世界观、人生观、价值观出了问题，党的根本宗旨意识淡薄，抵制不住金钱诱惑，追求低级趣味。这是“从内到外腐”的原因。另一个原因是以老大自居，个人说了算，决策不民主，干事没规矩，喜欢搞小圈子，破坏集体领导制度，在执行民主集中制上出了问题，导致走上以权谋私的邪路。这是“从外到内腐”的原因。

针对上述问题，此层面的党课就要反复强调，党员领导干部特别是“一把手”和班子成员，必须坚持集体领导制度，实行集体领导和个人分工负责相结合，凡属重大问题，都要按照集体领导、民主集中、个别酝酿、会议决定的原则，由集体讨论、按少数服从多数的程序作出决定。坚决反对和防止独断专行或各自为政，坚决反对和防止以党委集体决策名义集体违规。党委（党组）主要负责同志要充分发扬民主，善于进行科学的集中，注意听取不同意见，正确对待少数人意见，不能搞一言堂家长制。

3. 廉洁自律准则和纪律处分条例的讲法

除了《中国共产党章程》和《关于新形势下党内政治生活的若干准则》外，党课还要重点讲好两部党内法规，一部是《中国共产党廉洁自律准则》，另一部是《中国共产党纪律处分条例》。这两部党内法规有很强的关联性和互补性，因此我在这里把廉洁自律准则和纪律处分条例放在一起讲。

廉洁自律准则是中共中央 2015 年 10 月 18 日印发的，导言只有一百余字，紧接着是党员廉洁自律的四条基本规范，即“四个坚持”。再接下来就是党员领导干部廉洁自律的四条基本规范，即“四个自觉”，加起来一共八条三百余字。对于字数如此少的廉洁自律准则，可能有些同志会觉得过于简单抽象，以往制度规定很少有这样的体例。实际上，廉洁自律准则与《三大纪律八项注意》的体例非常相似，八条规定是关于党员和党员领导干部廉洁自律的基本规范，体现了较高的价值导向，属于自律性的标准规则。

与廉洁自律准则相比，《中国共产党纪律处分条例》则更加具体翔实，共三篇一百三十三条，针对性和操作性非常强。由于它与廉洁自律准则的定位、功能、侧重点不同，才有这种不同的内容、体例、文字表达方式，以及与内容相匹配的结构设计。

老石有一次上党课，有意识把这两部党内法规结合起来一并讲解，讲廉洁自律准则侧重讲原则要求，讲纪律处分条例则侧重讲具体规定。他讲道：

我想先分析一下这两部党内重要法规的不同功能定位。廉洁自律准则的功能定位，在于设定理想信念和宗旨的“高线”，要求党员干部永葆共产党人清正廉洁的政治本色。纪律处分条例的功能定位，则立足于把纪律和规矩挺在前面，划出严守党的纪律的“底线”，让党员干部明白哪些事情不能做、做了会导致什么后果，规定的指向性及因果关系很强。

纪律处分条例分为总则、分则和附则三编。先讲总则部分。比如，总则第二条规定：“坚决维护习近平总书记党中央的核心、全党的核心地位，坚决维护党中央权威和集中统一领导。”党员特别是党员领导干部，一定要强化“两个维护”意识，不能出现任何偏离和疏忽。

第三条规定：“党章是最根本的党内法规，是管党治党的总规矩。党的纪律是党的各级组织和全体党员必须遵守的行为规则。”这些规定都是党员必须明白、必须坚持、必须做到的。

……

讲完了总则，我再讲分则。分则的有关规定，涵盖了六大纪律的方方面面，所规定的都是党员假如违反了相关纪律将受到的处分。分则开列了一个系统全面的负面清单，清晰划出了党员不可触碰的纪律红线，并且将严守政治纪律和政治规矩摆在了首要位置。分则用六章对违反六大纪律行为的处分作出明确规定，每一条都是有所指的，都是不能触碰的“带电高压线”。

老石讲党课历来都是尽可能往实里讲，往要害处讲，讲的都很有针对性。讲到有关个人事项报告的规定，他拿着法规条文讲得一点都不含糊：

纪律处分条例第七十三条规定，“有下列行为之一，情节严重的，给予警告或者严重警告处分:（一）违反个人有关事项报告规定，隐瞒不报的;（二）在组织进行谈话、函询时，不如实向组织说明问题的;（三）不按要求报告或者不如实报告个人去向的;（四）不如实填报个人档案资料的。”

同志们要注意，这里的关键词是“不如实”。如实说明问题，如实报告事项，如实填报资料，对组织襟怀坦白，是所有党员必须做到的，如果没有做到，那就是违反组织纪律，就极有可能受到相应的党纪处分。

问题讲到这个程度还不算完，他又紧密联系了实际，举了违反规定的具体事例，进一步说明这方面问题的严重性:

最近还发现，个别党员干部拿着因私护照出国不报告，理由是别人也这么做、以前也这么做，所以现在我还是要这么做。有时在单位找不到“一把手”，说去什么地方开会了，到什么地方考察了，根本就没有按规定进行报告。

我到一个单位调研，事先没有打招呼。到那里后，办公室的同志说“一把手”没来上班，回老家休假了，追问的结果是出国休假去了。这不仅是违反组织纪律的问题了，还是违反政治纪律的问题啊!

纪律处分条例第五十四条对此有规定:“不按照有关规定向组织请示、报告重大事项，情节较重的，给予警告或者严重警告处分；情节严重的，给予撤销党内职务或者留党察看处分。”这里我强调一点，谁把党的纪律当儿戏，谁就得承担违纪的严重后果。

接下来，老石换了一个侧重点，继续引用法规条文，指出相关现象，分析原因和危害，专门讲了欠债搞形象工程的问题：

关于对违反群众纪律行为的处分，条例第一百一十七条规定“盲目举债、铺摊子、上项目，搞劳民伤财的‘形象工程’、‘政绩工程’，致使国家、集体或者群众财产和利益遭受较大损失的，对直接责任者和领导责任者，给予警告或者严重警告处分；情节严重的，给予撤销党内职务、留党察看或者开除党籍处分。”

大家知道，这种现象以前不是个案，搞形象工程一度成了风。就拿 ×× 来说吧，他在市里搞那么多形象工程作秀，为自己升迁搭“政绩台阶”，造成一批烂尾工程，利益个别老板得了，风头他自己出了，受害的是老百姓和国家。

我们应当对照纪律处分条例，针对存在的问题，列出详细的负面清单，强化对违反群众纪律行为的刚性约束，使 ×× 这一类人瞎折腾不能再得逞。

老石的观点是，讲纪律类党内法规的党课，目的是用铁的纪律从严治党，坚持纪律面前一律平等，遵守纪律没有特权，执行纪律没有例外，党内决不允许存在不受纪律约束的特殊组织和特殊党员。每一个党员对党的纪律都要心存敬畏严格遵守，任何时候任何情况下都不能违反党的纪律。党的各级组织和全体党员，都要坚决同一切违反党的纪律的行为作斗争。

此外，大家还要认识到，我们的党内法规是完整的制度体系，除了前面讲的党章和若干准则、廉洁自律准则和纪律处分条例外，还有一系列党的规章制度，上党课也应该认真讲这些内容。要根据党内教育的实际需要，针对一些倾向性问题和突出问题，有重点地讲党的规章制度，统筹设计安排课程，进行经常性的党内法规和党的纪律教育。

4. 讲党课要着重强调政治纪律

我们党有六大纪律，每一大纪律都非常重要，政治纪律尤其重要。六大纪律的党课，最好请纪检监察机关的负责同志来讲。可以依据党内法规条文讲，可以运用案例讲。关于党的六大纪律的党课，政治纪律一定要经常讲反复讲，深入讲具体讲展开讲。

在党课中讲党的纪律，必须着重指出政治纪律是党最根本、最重要的纪律，遵守党的政治纪律是遵守党的全部纪律的基础，党员无论职务高低责任大小，都必须严格遵守党的政治纪律和政治规矩。党员不准散布违背党的理论和路线方针政策的言论，不准公开发表违背党中央决定的言论，不准泄露党和国家秘密，不准参与非法组织和非法活动，不准制造、传播政治谣言及丑化党和国家形象的言论。党员不准搞封建迷信，不准信仰宗教，不准参与邪教，不准纵容和支持宗教极端势力、民族分裂势力、暴力恐怖势力及其活动。党的各级组织必须担负起执行和维护政治纪律和政治规矩的责任，对违反政治纪律的行为要坚决批评制止。

老石在讲党课时还经常强调，所有党员都必须对党忠诚老实，说老实话、办老实事、做老实人，如实反映和报告情况，不允许搞两面派、做“两面人”，不允许弄虚作假、虚报浮夸，不允许隐瞒实情、报喜不报忧。党员领导干部不准以任何理由和名义纵容、唆使、暗示或强迫下级说假话。凡因弄虚作假、隐瞒实情给党和人民事业造成重大损失的，凡因弄虚作假、隐瞒实情骗取荣誉、地位、奖励或其他利益的，凡因纵容、唆使、暗示或强迫下级弄虚作假、隐瞒实情的，都要依纪依规严肃问责追责。

在讲好这方面党课的同时，要加强纪律执行情况的监督和检查，坚决防止和纠正执行纪律宽松软的问题，特别是对违反政治纪律的问题一定要坚决做到“零容忍”。

老石说:“讲党的政治纪律，就是要用我这种‘婆婆嘴’的讲法，不厌其烦，一旦有了机会有了由头，就要强调再强调，提醒再提醒，不怕经常讲反复讲，但一定要讲到实质处要害处，讲到可能出问题或容易犯错误的地方，还要讲到重要的时间节点上。”

第三讲

马克思主义理论党课的讲法

一段时间里，党员队伍中不同程度出现了忽视政治理论学习的消极现象，有的党员几乎不读书不看报，对马克思主义缺少学习研究的兴趣，理论素养偏低。个别党员干部甚至连文件都不太愿意看，看了也不认真，知道个标题大概，就马马虎虎过去了。这是严重的问题，应当引起高度重视。

多起大大小小贪官腐败案例表明，导致一些党员干部违纪违法的原因虽然复杂多样，但这些人坠入腐败深渊的第一步，几乎都是从放松理论学习和思想修养开始的，对马克思主义和中国特色社会主义理论懵懵懂懂，以其昏昏，使人昭昭。党员干部假如放弃了理论武装，思想上不求上进，政治上有投机心理，就容易被腐蚀，甘于被围猎，就会丧失共产党人的理想和信念，在违纪违法的道路上一发而不可收拾。

我们上党课一个重要目的，就是要加强马克思主义理论学习和教育，搞好理论武装，掌握思想武器。切实解决少数党员政治理论素质不高的问题，认真解决一些党员对马克思主义和中国特色社会主义理论学习不够的问题，着力解决个别党员世界观、人生观、价值观有偏差甚至不健康的问题。

1. 强化马克思主义“理论经典”意识

毛泽东曾经深刻指出：“指导我们思想的理论基础是马克思列宁主义。”党章也鲜明地表达了这一论断。从党课这种党内教育形式萌生那天起，马克思主义理论就始终是广大党员学习和传承的基本内容、重要内容和经常化内容。讲党课不能忘了“老祖宗”，不能忽略了思想建党和政治建党的理论根基。因此，要把马克思主义理论学习教育作为各级党组织上党课的一个基本科目，而且要把其中的“理论经典”梳理出来，摆在突出位置上重点讲授。老石对此的态度非常明确，他认为党课的一个核心功能，就是用马克思主义理论武装每一位党员，进行社会主义和共产主义理想信念教育，不断加强党的政治建设、思想建设、组织建设、作风建设、纪律建设。

广大党员只有系统完整准确理解马克思主义理论，进而系统完整准确掌握习近平新时代中国特色社会主义思想，全党才能形成共同的意志和统一的行动。

讲马克思主义理论的党课，重点讲些什么？具体怎么讲？老石的建议是，讲党课需要有一定的理论品位和理论深度，要重点阐述马克思主义的理论经典，最好能从思想根基和理论源头讲起。这好像有点原教旨主义的意味，但其中道理是不错的，他的观点是：

马克思主义的理论经典，无疑是值得高度关注的党课内容，它不应该是陈旧的信条或局限于某部著作中的单一结论，而是与共产党人的共同理想和政治信仰息息相关的思想精华，属于指引共产党人奋斗目标、前进方向、实践路径，且历久弥新的理论真谛。

党员的共同理想和政治信仰，来自感性直观，又来自理性认知。坚定党员的共同理想和政治信仰，加强马克思主义理论的学习教育，最为重要、最为关键，带有深刻的决定性。

哪个党员如果对马克思主义理论半信半疑，那么他的党员意识就会大打折扣，他在日常工作及生活中的种种表现，就不可能像是一个合格共产党员的样子。

对此，小严与老石都有同感，他学习研究马克思主义理论越是认真深入，就越会迫切地感受到，任何思想和文化都需要理论经典的传承，党的建设和国家治理尤为需要马克思主义理论经典的武装，上党课一定要强化理论经典意识。一个政党倘若没有能够统一思想和行动的理论经典，那它就不会成熟，更不会坚强，就会缺乏凝聚力和战斗力。

2.《共产党宣言》——原汁原味讲精神实质

十多年来，小严把《共产党宣言》读过无数遍，在这个过程中他深切体会出了这本薄薄小书的博大精深，重于千金，思想价值、理论价值、精神价值不可估量，百分之百是共产党人的理论经典，必须原汁原味地讲授。

以往中央党校和省委党校时间较长的班次，均会开设马克思主义经典著作课程。这些班次不仅会讲《共产党宣言》，有的长期班还会讲马克思的《哲学的贫困》和《资本论》，讲恩格斯的《反杜林论》和《费尔巴哈论》，讲列宁的《帝国主义是资本主义的最高阶段》，也会讲毛泽东的《实践论》和《矛盾论》。诚然，面向普通党员的党课，讲马克思主义的经典著作，应该是一种普及性的理论教育，不能书卷气学究气太浓，不能搞深奥费解的长篇大论，也不宜搞成泛泛而谈的知识讲座。

党课讲《共产党宣言》中的经典论述，有三个关键点需要主讲人精心讲授。

（一）一个原点——讲原文，释原理

讲马克思主义理论的党课，应该遵循原文，忠实原意，引用关键语句和段落，在此前提下解读原初原本的精神实质。

你看，《共产党宣言》的语言是多么精辟深邃啊！

一个幽灵，共产主义的幽灵，在欧洲游荡。为了对这个幽灵进行神圣的围剿，旧欧洲的一切势力，教皇和沙皇、梅特涅和基佐、法国的激进派和德国的警察，都联合起来了。

有哪一个反对党不被它的当政的敌人骂为共产党呢？又有哪一个反对党不拿共产主义这个罪名去回敬更进步的反对党人和自己的反动敌人呢？

从这一事实中可以得出两个结论：

共产主义已经被欧洲的一切势力公认为一种势力；

现在是共产党人向全世界公开说明自己的观点、自己的目的、自己的意图并且拿党自己的宣言来反驳关于共产主义幽灵的神话的时候了。

面对马克思如此深刻而曼妙的经典论述，需要党课主讲人和听课的党员们，一起细细品味马克思主义理论经典所特有的真挚意境和强烈的历史庄严感，一起深深体验共产主义理想的崇高与神圣。甚至可在作基本讲解后采取非常简单的讲法，主讲人领着大家一起诵读其中精彩的段落。在诵读中大家对无产阶级革命导师的敬仰之情便会油然而生，共产主义信仰信念在诵读中亦会渗入思想的丹田。

（二）一个难点——阐明阶级斗争与无产阶级革命的必然性

共产党人毫不隐瞒，它的哲学就是斗争哲学，推翻资本主义制度，建立社会主义制度必须进行阶级斗争。新的历史时期，讲解马克思主义理论经典，仍然不能回避“阶级”和“斗争”这两个敏感词。

在社会主义市场经济条件下，在社会阶层多样化复杂化状态下，不管当下全球范围内的阶级斗争怎么难讲也还是要讲。不是那种躲躲闪闪、似是而非地讲，而是直截了当、实事求是、顺理成章地讲。

小严常用的讲法是，引用宣言原文中至关重要的部分，尽量使听课的党员们对马克思关于阶级斗争和无产阶级革命的经典论述，有比较直接具体的了解：

> 我们的时代，资产阶级时代，却有一个特点：它使阶级对立简单化了。整个社会日益分裂为两大敌对的阵营，分裂为两大相互直接对立的阶级：资产阶级和无产阶级。
>
> 过去的一切运动都是少数人的或者为少数人谋利益的运动。无产阶级的运动是绝大多数人的、为绝大多数人谋利益的独立的运动。无产阶级，现今社会的最下层，如果不炸毁构成官方社会的整个上层，就不能抬起头来，挺起胸来。
>
> 随着大工业的发展，资产阶级赖以生产和占有产品的基础本身也就从它的脚下被挖掉了。它首先生产的是它自身的掘墓人。资产阶级的灭亡和无产阶级的胜利是同样不可避免的。
>
> 共产党人同其他无产阶级政党不同的地方只是：一方面，在无产者不同的民族的斗争中，共产党人强调和坚持整个无产阶级共同的不分民族的利益；另一方面，在无产阶级和资产阶级的斗争所经历的各个发展阶段上，共产党人始终代表整个运动的利益。

小严致力于把理论经典中的重点内容讲出新意深意来，设法启发大家从这些字字珠玑的革命语言中，领悟出跨越时空的恒久道理。

他引用上面第一自然段进行讲解时，就明确提示大家，阶级对立与斗争的源发属性不可避免——马克思所处的年代，各阶级的划分与对立是非常简单的，与一百多年后阶级状况有明显不同的特征，但又没有本质上的区别。当今世界各国，阶级是客观存在的，阶级斗争也是客观存在的，资本主义和社会主义在意识形态及国家利益等方面的矛盾，虽然不像从前那样针锋相对、剑拔弩张了，但总会有泾渭分明、明争暗斗的激烈较量。

讲解到上面的第二、第三自然段时，小严便延伸到了党章规定的“两个先锋队”性质和党的根本宗旨的原始依据，强调共产党人政治使命担当的“元理念”就在于此。他讲了如下一番话：

马克思关于“资产阶级的灭亡和无产阶级的胜利是同样不可避免的”的判断，揭示的是生产关系中两大阶级双方变革的历史趋势及规律，“灭亡”与“胜利”的预言尽管还没有最终实现，但历史趋势及规律不会改变。

种种迹象表明，“灭亡”与“胜利”确实都是不可避免的。然而，大家还要清醒认识到，它们的实现还会经历一个漫长的历史过程。

讲到第四自然段时，小严强调，共产党员要经常告诫自己，共产党人与其他非无产阶级政党有根本的不同，那就是我们为之奋斗的共产主义目标是十分远大的，最终是能够超越民族利益和阶级利益的，我们共产党人的利益观是“始终代表整个运动的利益”。

在为党和人民的事业奋斗的过程中，我们不能有私心私欲私利，要时刻不忘自己的言行不但关乎党的形象，关乎党的路线方针政策的贯彻执行，同时也是与党的无产阶级性质、实现共产主义远大理想息息相关的。

（三）一个基点——“不以人的意志为转移”

小严继续引用《共产党宣言》的原文，进一步解读马克思主义理论经典的源头和原意。

> 共产党人的理论原理，决不是以这个或那个世界改革家所发明或发现的思想、原则为根据的。
>
> 人们的观念、观点和概念，一句话，人们的意识，随着人们的生活条件、人们的社会关系、人们的社会存在的改变而改变，这难道需要经过深思才能了解吗？
>
> 思想的历史除了证明精神生产随着物质生产的改造而改造，还证明了什么呢？任何一个时代的统治思想始终都不过是统治阶级的思想。
>
> 共产党人不屑于隐瞒自己的观点和意图。他们公开宣布：他们的目的只有用暴力推翻全部现存的社会制度才能达到。让统治阶级在共产主义革命面前发抖吧。无产者在这个革命中失去的只是锁链。他们获得的将是整个世界。

上党课讲《共产党宣言》，小严就是要向听课的党员们传递马克思主义理论经典的火炬，凝聚起确立和坚定理想信仰的力量。他同时指出，这些理想信仰的力量不是纯主观的，也不是以人们的意志为转移的——物质生产制约和决定着精神生产，精神生产反过来影响物质生产，两个生产相互作用，最终起决定作用的还是物质生产及其生产方式。

进一步说，人们的生活条件、社会关系、社会存在，决定着人们的政治观念和立场。共产党人对马克思主义真理的求索和对共产主义信仰的执着，均植根在生活条件、社会关系、社会存在这种深厚的土壤之中。

马克思是意志坚定、胸襟恢宏的革命导师，他无私无畏所倡导的共产主义运动，就是要毫不犹豫地彻底推翻资本主义旧制度，创建社会主义新制度。马克思以《共产党宣言》为号角，为无产阶级革命高声呼喊，替全体无产者投身共产主义运动加油鼓劲，大胆预示了革命成功的光辉前景——失去锁链，获得世界。这就是一代伟人给我们留下的极其宝贵的精神财富。

环境和时代变了，共产党人的理想和信仰没有变，奋斗目标和政治抱负没有变，我们在理想信念上与马克思主义理论经典仍然能够发生强烈的思想共鸣。

3. 讲好马克思主义的三个组成部分

讲马克思主义理论的党课，(1) 认真讲好科学社会主义理论。要全面系统地讲，从根本上解决坚定理想信念、实现奋斗目标的问题；(2) 深入讲好马克思主义哲学。帮助广大党员打牢必备的哲学功底，特别是要掌握历史唯物主义和唯物辩证法的思想武器，解决世界观和认识论问题；(3) 科学严谨地讲好马克思主义政治经济学。

其一，在科学社会主义方面，要讲人类历史发展的客观规律，讲社会主义制度的巨大优越性，讲社会主义理论和社会主义制度不断完善成熟的可能性，讲社会主义代替资本主义的历史必然性。努力做到夯实理论基础与总结提炼实践经验并举，积极推动理论创新与实践创新的良性互动。

讲马克思主义理论的党课，讲科学社会主义的党课，一个尤为重要而艰巨的任务，就是要把中国化、时代化、大众化的马克思主义讲厚实，把习近平新时代中国特色社会主义思想作为党课的重要内容来讲，真正学懂悟透弄通做实。要联系改革发展稳定的实际讲，带着社会现实中的各类问题讲，及时把习近平总书记的重要讲话精神纳入党课计划进行讲授。

习近平新时代中国特色社会主义思想植根于中国大地，反映中国人民意愿，适应中国和时代发展进步要求，在理论上有重大突破、重大创新、重大发展，深刻揭示了新时代中国特色社会主义的本质特征、发展规律和建设路径，体现了为中国人民谋幸福、为中华民族谋复兴的使命担当，体现了人民至上的价值追求。

新时代上党课，要真正做到原原本本、认认真真地讲习近平新时代中国特色社会主义思想，学原文、悟原理，把握精神实质。通过科学社会主义党课教育，要使广大党员明确坚持和发展中国特色社会主义，总任务是实现社会主义现代化和中华民族伟大复兴，在全面建成小康社会的基础上，分两步走在本世纪中叶建成富强民主文明和谐美丽的社会主义现代化强国；明确新时代我国社会主要矛盾是人民日益增长的美好生活需要和不平衡不充分的发展之间的矛盾，必须坚持以人民为中心的发展思想，不断促进人的全面发展、全体人民共同富裕；明确中国特色社会主义事业总体布局是“五位一体”、战略布局是“四个全面”，强调坚定道路自信、理论自信、制度自信、文化自信；明确全面深化改革总目标是完善和发展中国特色社会主义制度、推进国家治理体系和治理能力现代化；明确全面推进依法治国总目标是建设中国特色社会主义法治体系、建设社会主义法治国家；明确党在新时代的强军目标是建设一支听党指挥、能打胜仗、作风优良的人民军队，把人民军队建设成为世界一流军队；明确中国特色大国外交要推动构建新型国际关系，推动构建人类命运共同体；明确中国特色社会主义最本质的特征是中国共产党领导，中国特色社会主义制度的最大优势是中国共产党领导，党是最高政治领导力量，提出新时代党的建设总要求，突出政治建设在党的建设中的重要地位。

讲授这方面内容的党课应当做到“两个防止”。一是，要注意防止把党课当成传达文件念报纸，缺少政治思想理论建设的内涵，不联系改革发展稳定的实际，不联系党员干部思想实际，“空对空”。二是，要注意防止跑题“变调”，作一些过度的解读诠释，海阔天空，道听途说，游离党课主题，随意讲个人不成熟的看法，出现政治偏差。

其二，在马克思主义哲学方面，至少有两个重要内容要展开来讲。一要讲历史唯物主义的基础知识，解决坚定政治立场和理想信念问题，进而解决世界观、人生观、价值观的问题。二要讲唯物辩证法的核心内容，解决认识世界和改造世界的方法论问题，进而解决思维方式、思想方法和工作方法问题。

党课讲哲学，先得设法引起听众的兴趣，避免枯燥地讲生冷的观点和抽象的概念。延安时期，毛泽东有一次讲哲学课，那可真的是别开生面。学员们盘腿坐在操场的黄土地上，毛泽东站在一把破旧的小课桌前，双手叉腰，笑容可掬，用和蔼的目光环视一圈后，大手有力一挥说：“今天，我跟你们讲一个翻天覆地的大问题。”学员们的眼睛一下子瞪大了，“翻天覆地的大问题”是什么问题啊？大家的注意力都高度集中起来了。

毛泽东接着侃侃而谈，讲起了唯物论和唯心论，讲起了反映论和辩证法，通俗讲解了马克思、恩格斯、列宁关于如何看待世界这一根本问题所给出的崭新答案。这些都是对世界总看法的哲学思想，与资产阶级反动哲学家的观点完全不同，与中国千百年来流行的哲学思想亦有很大不同，确实有点“翻天覆地”的劲头。

他用纯朴幽默的语言，把马克思主义哲学与抗日战争的艰巨任务结合起来讲，出题豪放豁达，入题亲切浅显，解题势如破竹。他鼓励鞭策学员们，一定要掌握马克思主义哲学武器，尽快获得把被颠倒的世界再颠倒过来的精神力量。

其三，在马克思主义政治经济学方面，要力求讲清楚生产、分配、交换、消费有效对接的客观规律性，强调这四个环节哪个环节都不能出问题。还要注重讲清楚生产力与生产关系相互匹配的极端必要性，增强在发展生产力过程中动态调整完善生产关系的自觉性，增强处理上层建筑与经济基础对应关系的协同性。

当然了，一百多年来，国际经济格局连续发生重大变革，资本主义世界和社会主义世界都给人以面目皆非之感。有关政治经济学方面的内容，人们好像有些不愿意讲了，以为不少观点不合时宜了。马克思的相关判断，在某些人眼里显得陈旧落后，特别不现代，非常不时尚。老石觉得，对马克思主义政治经济学的基本原理，还是有必要侧重把其中的合理内核讲出时代价值与意义，把前瞻性的科学判断讲确切，不能因为个别论断未能被证实或被证否，就把马克思主义政治经济学看得“两眼一抹黑”，陷入理论的历史虚无主义泥潭。

坚持以马克思主义为指导，就不能不系统学习研究和解读它的重要组成部分——政治经济学。马克思主义政治经济学的合理内核是非常有价值的，问题在于不能机械教条地讲那些一时一事的论点论据，要克服就事论事的思维惯性，循着马克思主义理论根基，不断挖掘和持续更新政治经济学的当代价值。

如今讲马克思主义政治经济学，需要有新的站位和视角，需要形成新的话语体系。尤其要往前看、往远看，不能总是低头看、看眼前的现象、频频回过头观望。要以正在做的事情为发力点，学活用足马克思主义政治经济学原理，剖析资本主义危机的深层原因，深化对社会主义市场经济经济规律的认识和把握。

经济下滑也好，经济复苏也好，新常态新业态也好，共产党员对中国特色社会主义市场经济发展道路都要保持足够的定力，任尔东西南北风，都要坚定不移地沿着这条实现共产主义的必由之路走下去。

4. 用朴实的方法，讲朴实的道理

多年以前，当相当一部分人为“姓社”还是“姓资”问题而烦恼、被左摇右摆所困惑的时候，邓小平的南方谈话说得实在贴切：“我们讲了一辈子马克思主义，其实马克思主义并不玄奥。马克思主义是很朴实的东西，很朴实的道理。”

我们若能深刻领悟邓小平这一重要思想，对于当下讲好马克思主义理论的党课便会大有裨益。那就是切不可把马克思主义讲玄奥虚幻了，讲得庙堂之高不食人间烟火了，空喊一些不切实际的概念和口号。而且，切不可认为马克思主义已经过时，三大组成部分的哲学、政治经济学、科学社会主义统统一无是处，对来自西方的理论观点盲目信从推崇，被形形色色的思潮搞晕了头脑，丧失共产党人应有的根本立场。

上党课不是开“清谈馆”，而是要建“加油站”，应当把马克思主义理论与实际工作结合起来，使抽象的理论具体化，见人、见事、见理念、见思路、见对策。紧紧接上中国的地气，盯住改革发展中的问题，跟随剧烈变化的社会现实，深刻解读马克思主义理论经典。我们就是要通过高质量的党课，传播弘扬马克思主义的世界观、社会观、经济观、政治观、文化观、政党观、群众观，运用朴实的思维、朴实的方法、朴实的语言，把深邃的马克思主义理论讲实在讲精辟。

在党的群众路线教育实践活动中，老石讲马克思主义群众观的党课时，就是扎实地从“群众究竟是谁”的一些根本性问题朴朴实实地讲起。他是这样开头的：

群众究竟是谁？到目前为止，可能还没有一个为各方面都能接受的精确结论。群众这个词，只能作为相对概念来解读。群众涉及多数与少数的区分，涉及集体与个体的区分，涉及下级与上级的区分。甚至还需要找准参照系和对应关系，才能确定群众的内涵和外延。

经典作家对“群众究竟是谁”的问题，有高屋建瓴的阐述：群众是真正的英雄，群众是历史创造者，人民群众是推进社会发展进步的主体，等等。

概括地说，把握马克思主义群众观，应当从执政党与执政基础的必然联系，干部与群众的密切关系来切入、展开和深化。可以用形象的比喻，来解释这个比较抽象的概念。

我想用“水、根、师、土”四个字来比喻群众，比喻干部与群众的关系。(1) 群众是“水”，干部与群众是鱼和水的关系；(2) 群众是“根”，干部与群众是树和根的关系；(3) 群众是“师”，干部与群众是学生和先生的关系；(4) 群众是“土”，干部与群众是种子和土壤的关系。

群众的实质是“民”。历朝历代，古今中外，不管是何种社会形态、何种政治体制，民意都不可违背，民心都不可亵渎，民众都不可欺负。这是放之四海而皆准的真理，也是亘古不变的铁律。

作为一个领导者，如果以为群众愚昧，实际那是自己愚昧；如果以为群众低下，实际那是自己低下。各级干部都不能把群众看愚了、看低了，这样会站不住脚、办不成事、出大毛病的。

马克思、恩格斯、列宁、毛泽东都告诉我们，必须视群众为水，要时刻敬畏；必须把群众当根基，要自觉回归；必须拜群众做老师，要真心尊重；必须以群众为土壤，做到须臾不离。

这样理解群众的价值与意义，才能把以人民为中心，坚持走群众路线，为人民群众办好事办实事，永远不变色的根基筑牢。

解析群众工作的复杂性，我还有一点感悟。未来时间里、很大程度上，群众对政府的理解和信任指数，直接关系到经济发展指数以及社会和谐指数。这种微妙的因果联系，会不断凸显和强化。

新形势下走群众路线，不但要在基层走，还要在媒体上走，在网络上走。既要坚持有效的传统做法，又要善用网络等新型传媒，把群众路线走得“横向到底、纵向到边”。

我们要以这次教育实践活动为契机，进一步把党的群众路线走稳走实走好，使群众工作更加有理有识有据。

5. 找准理论与实践结合的时代制高点

习近平新时代中国特色社会主义思想与马克思主义理论是一脉相承的，其中的立场观点方法是一以贯之的，上党课一定要把习近平新时代中国特色社会主义思想的内容摆在突出位置上，站在理论与实践结合的时代制高点上讲马克思主义理论的党课。

老石讲党课，比较注重从中国共产党人职责使命的角度，注重理论与实践的紧密结合，准确把握习近平新时代中国特色社会主义思想与马克思主义理论的逻辑关系、继承关系、发展关系，并把跟进讲解习近平总书记的一系列最新重要讲话精神作为党内教育的“必修课”，花大力气，下真功夫。

2019年10月，党的十九届四中全会召开，公报发表的当晚他就进行了认真学习，接下来又继续跟进学习思考，不断深化自己的领会理解。三天之后，老石在机关讲了一次领学式的专题党课：

党的十九届四中全会是一次非常重要的会议，习近平总书记在全会上发表了重要讲话。今天我还是按惯例带头领学，以讲党课的形式与大家交流自己粗浅的学习体会。我的理解是，学习贯彻习近平总书记关于国家治理体系和治理能力现代化的重要论述，应当深刻理解和准确把握以下三个方面的内容：

第一，我们要站在坚持完善党和国家基本制度的高度，深刻理解习近平总书记重要讲话的精神实质，准确把握体系和能力在制度建设中的关键功能。

“制度”是一个带有统领性的关键词。大家对国家治理体系和治理能力现代化的理解领会，要自觉在制度建设的政治高度、全局高度、战略高度上定位。可能同志们注意到了，全会公报中有一个重要表述：“我国国家治理体系和治理能力是中国特色社会主义制度及其执行能力的集中体现。”这句话表述得十分精确到位。

简要地说，体系和能力是制度的集中体现。在制度总体框架中，要突出体系建设的治理功效；在制度健全和实施中，要突出能力建设的能动性和创造性。这种理解领会，着眼的是体系、能力与制度之间的关键性联系。制度既有顶层设计的制度，也有各领域、各层级的制度。对此，我们要准确把握和进行系统思维，搞清制度建设对体制和能力建设的重要作用。

第二，深刻理解和准确把握中国特色社会主义制度和国家治理体系具有“强大的生命力”和“巨大的优越性”。

习近平总书记概括的“十三个显著优势”“十三个坚持和完善”，深刻揭示了国家治理体系和治理能力现代化的方向和道路。强大的生命力，来自习近平总书记和全党的智慧，来自人民群众的实践。巨大的优越性，展示的是治理体系和治理能力的科学性、先进性、实践性、创造性。

党的十八大以来，在国家治理体系和治理能力现代化方面，我们党进行了卓有成效的实践探索和制度创新，以习近平同志为核心的党中央，统筹推进“五位一体”总体布局，协调推进“四个全面”战略布局，有力提升了国家治理体系和治理能力现代化的水平。党中央现在专项提出这一战略任务，顺理成章，水到渠成。

学习党的十九届四中全会精神，我们就是要进一步坚定“四个自信”，增强“两个维护”的思想自觉和行动自觉。

第三，深刻理解和准确把握中国特色社会主义的“2035年目标”与“两个一百年”目标的关系。

中国共产党在不断丰富完善四个现代化理念的基础上，持续进行重大的理念创新和目标创新。新的理念和新的目标，就是实现国家治理体系和治理能力的现代化。

我们可否这样理解，前面四个现代化主要是要解决生产力的问题，实现新的现代化目标主要是解决生产关系、上层建筑的问题。而且是要把生产关系与经济基础等问题统筹兼顾全面综合解决好。

处于“两个一百年”目标之间，“2035目标”承前启后、继往开来，在这个时间节点上，我们国家就要基本实现治理体系和治理能力的现代化。这个体系和能力的目标，相对于“2021目标”的实现，具有明显的成长性和延展性；对于“2049目标”的实现，则具有不可替代的引领性和决定性。

到那个时候，中国特色社会主义制度会更加巩固，各方面的优越性会更加充分展现。我们伟大的祖国，不但经济上强、政治上强、外交上强、国防上强，国家治理体系和治理能力更强。到那个时候，我们当然不会称霸，但也绝不会再被别人欺负了。

深入贯彻落实党的十九届四中全会精神，我们要不断提升以下四个能力。

一要不断提升学习领会的悟透力。

学习不能停留在字面，领会不能表面化。学习习近平总书记关于国家治理体系和治理能力现代化的重要论述，要在增强“三个度”上下功夫——实度、深度、高度。要有带着问题学的实度，加大锤炼思想的深度，提升政治站位的高度。学出实度深度高度，你就能真正领会精神实质，真正弄懂悟透做到位。

大家常说学思践悟，悟对学、对思、对践，都极为重要。悟不透，必然一知半解。悟透，需要思想理论的感悟，需要工作实践的体悟。领导干部尤其要增强对中央精神和重大决策部署的悟透力。

二要不断提升思考研究的结合力。

在贯彻落实四中全会精神的各项工作中，有一系列结合点需要我们认真衔接好。从总体上说，党政机关的主要工作与国家治理体系和治理能力现代化都具有密切关系，有的工作是直接关系，有的工作是间接关系。

我们要提高政治站位，准确定位，放开思路，优化思维，把目前所作的具体工作，与国家治理体系和治理能力现代化有机结合起来，认真履行岗位职责，为实现“2035年目标”添砖加瓦。

三要不断提升对问题的判断力。

人的判断力不是与生俱来的，需要系统观察学习思考，需要积极主动实践。党员领导干部，最忌讳主观臆断，最忌讳想当然决策。想问题办事情，一定要有充分的理论依据、法律依据和政策依据，一定要进行深入的调查研究。

提升对问题的判断力，最需要实事求是和确切精准，把问题搞实搞准是第一位的，在问题不实不准情况下作判断最危险。定量判断比较好办，难度大的是定性判断。这种现象是不是问题？是什么性质的问题？时时刻刻都锻炼和考验你的判断力。

对问题的定性判断，必须严谨审慎，留有一定余地。不能上纲上线，不能套用概念，不能简单推论。判断力高不高，确切不确切，精准不精准，会直接决定你的工作成色。

四要不断提升从理论到实践的转化力。

前面说的“三个力”都很重要，但悟透力、结合力、判断力只有经过高效能的转化，贯彻落实四中全会精神才可能落到实处。我们要尽快悟透新思想，强化结合力和判断力，提升对党的路线方针政策执行落实的转化力。

转化力的提升有时需要冥思苦想，需要反反复复。但最为重要的是，需要再学习、再调查、再研究、再推敲、再打磨、再实践。从理论到实践，要有循环往复转化，还要有纵向的贯通和横向比较转化，使转化的效率更高，精确度更准。

不断提升我们的悟透力、结合力、判断力、转化力，是学习贯彻习近平总书记四中全会重要讲话精神所必须的，也是我们围绕中心做好各项工作所必备的。

希望大家在履行职责使命中，不断提升自身的“四个力”，共同把四中全会精神落到实处。

关于上党课的理论性，老石还特别提醒小严，不能以为只有讲马克思主义理论的党课才需要理论性，即便是讲实践性较强的党的路线方针政策方面的党课，也应当有马克思主义理论的指导和支撑，注重理论思维的系统性，注重实践与理论的融合性，切实增强理论的坚定性和韧性，切实增强贯彻落实的操作能力，防止把这方面的党课讲成工作部署安排，着力克服理论与实践的“不对称”或“不协调”的现象。

简言之，一堂成功的党课，离不开科学理论的支撑，无论讲哪个方面的内容，马克思主义的基本立场观点方法都必须贯穿其中，尤其要站在理论与实践相结合的时代制高点上，把理论问题讲深刻，把现实问题讲透彻。

第四讲

党风廉政建设党课的讲法

在国际共运史上，恩格斯最早把“作风”一词引入政党建设范畴，他所指的作风是党的思想理念和政治品质的外在形态。今天我们说的党的作风是指党的性质、宗旨和世界观在党的活动中的外化表现，包括党的思想作风、学风、工作作风、领导作风和干部生活作风等。党的作风的关联性很直接，导向性很明显，影响也很大很持久。只要是有历史责任感的政党，都会注意自身的作风建设，以维护形象和扩大正面影响力。

中国共产党始终重视作风建设，每当面临艰巨任务和迎接重大转折时，尤为重视从加强作风建设入手解决自身存在的问题。1942 年 2 月 1 日，毛泽东在中央党校开学典礼上作了著名的《整顿党的作风》报告，在谈到党内存在的学风、党风、文风等作风不正的表现时，他客观理性而又形象生动地说：

> 这些作风不正，并不像冬天刮的北风那样，满天都是。主观主义、宗派主义、党八股，现在已不是占统治地位的作风了，这不过是一股逆风，一股歪风，是从防空洞里跑出来的。（笑声）但是我们党内还有这样的一种风，是不好的。我们要把产生这种歪风的洞塞死。我们全党都要来做这个塞洞工作，我们党校也要做这个工作。

毛泽东这段很接地气的论述，阐明了反对主观主义以整顿学风、反对宗派主义以整顿党风、反对党八股以整顿文风，不断加强党的作风建设的必要性，表明了整治“逆风”“歪风”的坚决态度——“把产生这种歪风的洞塞死”！他的意思是说，要把党风不正的源头彻底清除，把传播歪风邪气的渠道彻底切断。毛泽东解决党风问题的思路，今天仍然有一定的指导意义。

1. 坚持目标导向，倡导优良作风

各级党组织讲党风廉政建设的党课，一个重要的着力点应该是坚持目标导向，通过树立良好的党风政风，正本清源，夯实党风廉政建设的基础，把整治的落脚点放在构建风清气正的良好政治生态上。进一步说就是，以目标导向引领问题导向，大力继承弘扬党的优良作风，传递正能量，弘扬正风正气，以正压邪。

老石有一次讲党课，专门指出了加强党风建设的紧迫性和重要性，梳理了我们党的作风建设从三大优良作风到五大优良作风的历史进程，强调要不断改进干部作风，切实加强党的作风建设。

下面是他讲课提纲的主要内容：

看一个干部、识别一个人，很大程度要看他的作风。党的各级干部的作风，包括思想作风、工作作风、生活作风，这些作风汇集在一起，构成了党风的主流和趋向。

思想作风问题不容易摸得着，但工作作风和生活作风问题则是思想作风的外在表现，一眼就能看得清楚。

一个干部或一个党员，成也作风，败也作风；一个地方或一个单位，兴也作风，衰也作风。执政党作风的好坏，确实关系到党的生死存亡，关系到国家的前途命运。

长期以来，我们党在作风建设问题上主要采取两大措施，一大措施是大力倡导优良作风，一大措施是狠刹各种逆风歪风。

延安整风的重点是反“三风”（主观主义、宗派主义、党八股）和树“三风”，即党的七大概括的理论联系实际、密切联系群众、批评和自我批评三大优良作风。

六十多年后，习近平总书记对新时代党的优良作风作出了新概括，在充分肯定三大作风的同时，增加了艰苦奋斗、求真务实两大作风，构成了“3+2”五大优良作风的新格局。这是党的优良传统与时代精神在作风建设层面上的高度契合。

我们要深刻理解改进干部作风与党风建设的直接关系，用改进干部作风的实际行动，使党的作风建设更加具体化和常态化。

一要坚持理论联系实际。各项工作都要从实际出发，坚持实事求是，既要反对教条主义，又要反对经验主义。

二要密切联系群众。懂得群众是真正的英雄，而我们自己则往往是幼稚可笑的，开展任何工作，都必须坚持以人民为中心，对人民负责，走群众路线。

三要敢于相互批评，善于自我批评。党员干部要有原则性，不能当老好人。对自己的缺点和不足要有清醒认识，有错误就坦诚承认，这是自信的表现。

四要永葆艰苦奋斗的本色。贪图享乐要不得，奢靡之风更要不得。物质条件优裕了，社会发展进步了，艰苦奋斗的传统不能丢。

五要务必做到求真务实。虚假浮夸是一种腐败，形式主义、官僚主义是求真务实的大敌。共产党人只有求真务实，才能站稳脚跟，才不会蒙头转向。

老石讲的这次党课，坚持目标导向是非常自觉的，尤其是敏感注意到了新时代构成的“3+2”五大优良作风新格局，着眼于这个站位讲党课，就使加强党的作风建设的目标更加全面系统了。我在实践中也感到，讲党风廉政建设的党课，首要任务还是倡导党的优良作风，这样做既能给人以信心和责任，又能给人以正确的方位感和要努力实现的目标。

2. 突出问题导向，坚决反对“四风”

我们在坚持目标导向的同时，还一定要突出问题导向，把党风廉政建设的党课正反两方面文章都做好。强化问题意识，抓住问题不放，也是为了实现党风廉政建设的目标。作风问题具有反复性和顽固性，作风建设永远在路上，只有进行时，没有完成时。在这条路上，各种各样的问题仍然不少，讲党课必须正视这些问题，回应这些问题，抨击这些问题，大力促进这些问题的解决。如果不突出问题导向，不直击问题的实质，党课就很可能无的放矢流于形式。

前些年，“四风”问题比较严重，老石讲党风廉政建设党课，把问题的实质剖析得透彻，讲解得深刻：

“四风”是严重危害党风廉政建设的四只老鼠。一粒老鼠屎就能坏了一锅汤，那么四只老鼠到处上蹿下跳，整个房间都不会有干净的地方——正所谓“天涯无净土”。

大家要把这四只老鼠赶到一个笼子里打。但可要知道，官僚主义是“四鼠”之首，刹“四风”必须先拿官僚主义开刀。

我有一个可能是不太准确的判断：程度轻的官僚主义，是异化的表现；程度重的官僚主义，是腐败的表现。官僚主义的危害到底能有多大呢？绝对不可低估。

最近我看了《勃列日涅夫时代》一书，愈加觉得苏联共产党政权的垮台，极为重要的一个原因，便是不可救药的官僚主义葬送了它。

某些机关有“四个官僚主义”，让我一个一个来列举它们的恶劣表现。

（1）自以为是的官僚主义。表现为拒不执行民主集中制，主观片面，武断霸道。说一不二，一锤定音，经常是“我的地盘我做主”。高估自己，低估群众，极端自负，听不得不同意见，想怎么干就怎么干。

（2）不负责任的官僚主义。对工作经常是虚虚飘飘走程序，糊里糊涂报情况，过程没有一点问题，但结果有很大问题。该走的程序都走到了，责任也就都“批发”出去了，出了问题人人有份，自己还可以去追究别人的责任呢。

（3）脱离群众的官僚主义。表现为高高在上，下基层一走一过，接触群众是为了显摆自己，偶尔搞点调查研究也是走马观花，一下车就前呼后拥，大言不惭地指点江山。连身边的干部都没有联系到，谈何深入基层联系群众？

（4）忙忙碌碌的官僚主义。看着他确实挺忙乎的，有时还会加班加点开个会，但实际上是在白忙乎瞎忙乎，没忙到正地方，没忙到为老百姓谋利益上。

官僚主义与形式主义到底是个什么关系？前段时间，机关干部讨论了这个问题，有三分之一的同志（主要是处级以上干部）认为形式主义大于官僚主义，三分之二的同志（主要是科级以下干部）认为官僚主义大于形式主义。对这个问题的不同看法，有点耐人寻

味，好像露出了“屁股决定脑袋”的尾巴

我下去调研发现，一些地方和基层单位，并非心甘情愿搞形式主义，不少形式主义的做法，常常是被官僚主义逼出来的。弄虚作假，逢场作戏，与官僚主义有很大的瓜葛。

邓小平有个判断，形式主义也是官僚主义。有时两者的确分不开，你中有我，我中有你。大量的形式主义，就是官僚主义的另一种表现形式。你在上边用官僚主义“发令”，我在下边就不得不用形式主义“助跑”。

上有所好，下必甚焉。下面劳民伤财搞的形式主义，为的是迎合上面好大喜功的官僚主义。往往是心领神会，一拍即合。所以，我们要把官僚主义和形式主义捆到一起打，一起算总账。

根治形式主义病症，还得先动官僚主义的手术。通常情况下，先有官僚主义，后有形式主义，官僚主义孳生出形式主义。

有了问题，出了毛病，不要老是指责基层，要从机关下手找原因。先要看看机关里的官僚主义有哪些表现？然后再延伸下去——你会找到我们工作失误的症结。

形式主义有两个典型特征。

第一个特征是形式与内容的脱节。形式重于内容，高于内容，有时等于内容。形式搞完了，这个事儿也就算完了，内容就没人去管它了。

第二个特征是“点”与“面”没有关系。有一种工作方法叫以点带面，抓出典型，推动全局。一段时间里，这种工作方法被扭曲了，“点”成了极稀少的盆景，“面”成了被遗忘的大多数，花里胡哨的“点”是用来装潢门面的，根本没有推广价值。

分析形式主义问题成因和特征，有这么几点值得大家警惕。

一是随俗。有些干部觉得自己不能太另类，于是半推半就随了形式主义的“大流”。不该发的文件发了，不该开的会开了，有时更多考虑的是不能犯忌。明哲保身，但求无过，形式主义还能充当“护身符”。

二是惯性。一定程度上是路径依赖，习惯的思维，惯性的做法，形式主义那些东西用起来就像顺手牵羊一样轻松，比真抓实干省劲多了，下意识地走到了形式主义路子上去了。

三是偷懒。踏踏实实干工作，要付出辛勤努力，搞不好还会得罪人，既伤感情又有风险。形式主义的干法能出奇彩得高分，又不需要下真功夫。跟着叫一叫喊一喊，不过是虚晃一枪，凑个形式主义的热闹。

有时上边的工作部署也实在是太多太杂了，下边不可能事事都认真，那就只好用形式主义应付一下吧。

四是虚假。个别干部习惯于“三假”干法，用假数字、假成绩、假经验为自己积攒资本，捞取政绩，假如不出意外情况，一般都能蒙混过去。

形式主义无孔不入，肆无忌惮，危害非常广泛，经常大摇大摆。你无论走到哪里，都能感受到它的存在，到处都有它的痕迹。就像小广告，墙上有，电线杆上也有，走廊有，楼梯有，家门上偶尔还会有。所以，我们要像大扫除那样，从上到下，从里到外，把形式主义彻底清扫出去。

关于享乐主义和奢靡之风，大家的认识不太一致。在一个座谈会上，有些同志认为本机关有形式主义和官僚主义，但享乐主义和奢靡之风真没有。到底有没有？我说肯定有，而且还不是个别现象。请客送礼，大吃大喝，讲排场摆阔气；会员、会所只可意会不可言传，暗流涌动；车子、房子的各种违规违纪乱象；等等。

打老鼠不能东一扫把西一扫把，反“四风”要有一网打尽的坚决态度。可不能说，我这里反一反形式主义还可以，其他主义“真没有”，那都是别人的毛病，与我无关。

享乐主义和奢靡之风，两者基本上是一回事。某种主义成了风，说明问题已经非常严重。近年来，享乐主义有愈演愈烈之势，经济发展了，财力增强了，搞享乐和奢靡也有了一定的物质基础和财力支撑。这虽然没有必然联系，但也确实有些关系。

“四风”问题并不是什么理论问题，而主要是实践中的思想作风和工作作风问题，乃至消极腐败问题。其表现五花八门，如“文山会海”等，已经引起了重视，有了一定改善。但有些问题还没有得到应有重视和认真解决。

比如，不负责任的官僚主义，一些领导干部不认真、不踏实、不担当的“三不”问题，还顽固地存在着。

以“三不”为特征的官僚主义，对干部腐蚀极大，对事业危害极大，必须采取有力措施加以解决，否则“四风”还会禁而不绝。

读者们可以琢磨琢磨，老石讲的这次党风廉政建设的党课，是不是求真务实地突出了问题导向？是不是戳穿了“四风”问题的实质？我觉得他比较好地回答了这两个问题。

3. 把用权、交友、红包问题讲得一针见血

老石讲党课，从来不会泛泛而谈，不会空讲一些抽象的大道理。每当讲党风廉政建设党课，他更会用上“真刀真枪”，讲得一针见血。有

一次他给处级以上党员干部讲党课，重点强调了必须守住用权、交友这两条底线的问题，有些话讲得是非常尖锐的。

这里引用老石讲稿中的一部分：

担任领导职务的党员，用权的问题每天都会遇到。权力在你手上，就看你怎么用了。守住用权底线，首先要解决权力观问题。

人生观、世界观、价值观，具体到领导干部日常工作，具体到履行职责的过程，就会聚焦到权力观问题上。

你说："有权咱也不会用、也不敢用，本人的权力观就没有问题了吧？"我说："为官不为，不仅是消极，而且还是失职甚至渎职，是特定意义上的腐败。"

权力是人民给的，有权要为老百姓做事，执政一定要牢记权力是谁赋予的。履行职责，行使权力，一定要有强烈的责任感，对党和人民负责，对自己所承担的工作负责。

权力是一把双刃剑，可以干好事，也可以干坏事，干好事或干坏事，往往就是一念之间。因此，一定要严以用权，切不可让手中的权力任性。

权力和腐败有千丝万缕的联系，不受制约和监督的权力必然导致腐败，这是古今中外屡见不鲜的普遍现象，近乎一种规律。

权力的防腐反腐，应当成为领导干部每天必做的功课。严格要求自己，公权不能私用滥用，不能轻易用随意用，对权力要严管严控慎用，每次用的时候都要掂量掂量。

权力是个很奇怪的东西，它具有多重属性，有多种原因的易腐性，稍不注意便会发生变异。有些人交友是奔着权力来的，你如果"被成为人家的朋友了"，那很可能是因为你有权力可以被利用。

一些领导干部犯错误，最终走向腐败堕落深渊，几乎都始于交友不慎。这个“某人”为什么跟那个“某人”交上了朋友？不是臭味相投，就是利益所系。

交上坏朋友，就是吃喝玩乐，拉拉扯扯，搞权钱交易，搞利益输送，必然导致违纪违法。不但要慎用权力，还要慎重交友，千万别被坏朋友害了。一是特别要防止吃喝玩乐的朋友，二是要坚决杜绝钱权交换的朋友，三是要高度警惕别有用心的朋友。

吃喝玩乐的朋友界限是容易被混淆的，权钱交换的朋友最危险，必须一刀两断。别有用心的朋友天天跟你套近乎，给你小恩小惠，让你占点便宜，他好像对你没有任何要求。但你稍微往后看一看，他肯定对你有要求的，等他把你拉下水，所谓成了朋友的时候，那你就得为他办事了。不办事你可就“不够朋友”了，麻烦可能就来了。

领导干部只有守牢用权和交友两条底线，才能守住党和人民交给自己的政治责任，守住自己的政治生命线，才能坚定共产主义的理想信念，永葆共产党人政治本色。

党的十八大之前，红包问题一度比较突出。逢年过节总会有一些人串来串去给机关干部送红包，有的干部缺乏自律意识，对红包来者不拒。当时老石看到这种现象非常担忧，2011 年底他就红包问题专门讲了一次党课。那次党课采取先讨论发言，再作总结式的方法进行。各党支部推荐五名代表，他们就红包问题发表各自的看法，然后由老石接着讲。

以下是他的讲稿：

刚才，五位同志发言，有的同志谈到了红包性质的不同、分类的不同，应当区别对待。我循着这个思路，把送和收红包的情况大致分成四类，大家看是不是这么回事。

第一类是亲友之间，人情的礼尚往来，这可以算是私人交往的红包。虽然不在纠正之列，但也要防止“变性”。假如数额较大，超出了特定的范围，那么对这种红包就要提高警惕了。

第二类是患者家属为了手术或治病，送给医生护士的红包。这样的红包属于潜规则的红包，患者家属是出于无奈才送红包的，主要毛病在收红包的人，这类红包是应该禁止的。

前几天，我到一家市属医院，看到那里党员创先争优的承诺公示板，一位主任医师的承诺只有一句话，“不收红包”，这是很务实的承诺，比那些空喊口号的承诺强多了。

第三类是一些老板、或者下属、或者有求于人的人，送给有权有势公职人员的红包。这是标准的行贿受贿红包，甚至可以说就是用金钱贿赂干部，属于用钱换权的常用套路。

对这类红包，各级干部一定要拒之于千里之外，不管数额多少，一点也不能碰，绝对不能碰，谁碰了那就倒霉去吧！

第四类是机关企事业单位发给本单位干部和单位之外领导干部的红包，这是巧立名目的公款私分私送性质红包。刚才有同志发言，也涉及了这类红包。

这类红包的情况比较复杂，比如，超出有关规定，以咨询费、交通费、补贴费、劳务费、稿费等名义送的红包，有的的确不是行贿，但送和收这类红包，都是违反财政纪律和廉洁纪律的，不是发福利的事儿。

我把红包分得这么细，目的是要告诫大家，一定要远离红包和杜绝红包。第一类私人交往性的红包不能提倡，不能搞过了头变了性。后三类红包，不但是职业道德不允许的，还是要受到党纪政纪处分的，严重者要受到法律追究和处罚的。这是一个原则问题，是廉洁自律的大问题。

面对送上门的红包，态度不能暧昧，不能有侥幸心理。前一段查处某单位红包问题，个别领导干部的态度是暧昧的，他们心里也明白收受红包的性质。

当然，整治红包问题，制度上还有一些缝隙，以致少数有贪婪毛病的干部，一些对自己要求不严的干部，就可能浑水摸鱼了。

党政机关治理红包的重点要放在后两类上，就是行贿受贿的红包和公款私分私送的红包。这两类红包的性质恶劣，危害严重，影响很坏。

行贿受贿的红包，涉嫌违法犯罪，没有任何商量的余地，谁收了谁就触碰了高压线，那就只能自食其果了。

公款私分私送性质的红包，送和收两头都是非常大的毛病。杜绝这类红包，要成为当前和今后一个时期党风廉政建设的重点来抓。

另外就是，红包现象逢年过节最容易发生，有时界限不是很清晰，性质也不太好界定，或者说一些人会刻意模糊红包。

比如，年底的各类奖金各种补贴，还有各种各样用信封装的“辛苦费”。如果把它们的性质搞混淆了，界限搞模糊了，红包就会乘虚而入，歪风邪气就会盛行。

关于后两种红包，我还想多说几句。红包是毒品，具有诱惑力；红包是地雷，很有杀伤力。你别看他给你送红包的时候，理由说得多充分，其实那红包就是个地雷。他送红包是有账的，谁收了多少？什么时候收的？通过什么形式收的？都有账可查。

这是非常害人的坏事，送红包的人想让这个地雷什么时候炸就什么时候炸。可能红包里也没有多少钱，但这根拉响地雷的弦，在人家手上攥着，假如他来找你办事，提个人要求，你没满足他，这个弦就会拉紧点了。拉弦的主动权一直在送红包的人手上，他想炸你就炸你，根本不会和你商量。这个地雷的杀伤力是蛮大的，能把干部炸得人仰马翻。

现实中，一些干部就是被红包打中的、击倒的、炸翻的，断送了政治生命。无论从哪个角度说，红包都不是好东西，绝对是害人的坏东西。

我们对红包必须保持经常性的警惕，不管红包大小多少，什么由头，什么说法，采取什么形式，冠以什么名义，都必须坚决对红包说“不”！

当年老石讲红包问题的党课，绝大多数同志听后就比较重视了，对红包保持了应有的警惕和自律，不该收的坚决不收。也有个别干部听了不以为然，没把红包当成多大的问题，结果栽了跟头，后悔也来不及了。

4. 直击思想深处的“阴影部分”

老石的党风廉政建设党课，不仅讲红包一类的显性问题，给大家敲廉洁自律的警钟，而且还会讲一些深层次的问题。小严的形容是，老石既讲“水面上的事儿”，又讲“水面下的事儿”，而且讲就讲得水落石出，不回避深层次问题。有一次讲党课时，他就针对那些以往某些人不愿意触及的问题，提出了廉洁自律“八要三不”的具体要求，直击一些干部思想深处的“阴影部分”。

他真诚坦率地讲道：

这“八要三不”，首先是对我自己的要求，请同志们监督我的一言一行。同时也是与大家共勉，让我们相互监督。

（1）思想要纯正。这是我多年的体会。假如思想不纯正了，其他方方面面就都不会纯正。思想纯正了，是根本性的纯正。一个党员保持了思想纯正，就能做到正直正派公正，走正道干正事就有了根基。

保持党的纯洁性，首先要保持党员干部思想的纯洁性。大家讨论干部队伍纯正不纯正的问题，实际上也是在讨论我们自己思想纯正不纯正的问题。

（2）政治要清醒。有的干部政治上不是很清醒，个人的小账算得很明白，党和国家的大账算不清。政治上清醒不清醒，会集中反映党员干部政治素质高不高，意志品质坚定不坚定。

对我们的第一位要求，就是政治上要始终保持头脑清醒。这个“清醒”的内涵是非常丰富的，要求也是非常具体的。大是大非问题要清醒，原则问题要清醒，包括红包问题也要清醒。领导干部政治上不清醒，便可能犯大错误，还可能会把一支队伍带坏。

（3）工作要用心。我们的工作，主要不是体力劳动，而是高级的脑力劳动，只有用真心全身心，才能尽职尽责把工作干好。用蛮力用笨劲不管用，靠加班加点也解决不了问题，还是要全心全意、心无旁骛地投入工作。如果大家都真的用心倾心干工作了，工作效率和质量就会大大提高，加班加点也会明显减少。

（4）为人做事要真诚。一要真，二要诚，这两个基本要求，对我们是不是需要专门提出来呢？我觉得还是有必要专门提出来的。

为人要真诚，做事要真诚，对每位同志来说都十分重要。为人如果不真诚，就无法做到对党忠诚、对人民忠诚。

（5）自身要干干净净。不廉洁的人，觉得占点便宜，得点额外的好处不算个事儿，但他不知道背后人们会戳他的脊梁骨。

可能他就是得了那么点便宜，收了那么点好处，违规违纪但没违法，可是已经不干净了。不管他的级别多高，在群众的眼里都会被看低几分。

（6）作风要朴实。就是要朴素实在，不要讲排场摆阔气，不要官气十足架子超大，不要太摆谱太张扬。正气要足、官气不能足，格局要大、架子不能大，摆谱张扬不是什么好事。

干工作要踏踏实实、认认真真地干，不要虚张声势，功利心不能过重，大家要树立朴实的思想作风和工作作风。只有这样才能立得住走得远，经得起时间和历史的检验。

（7）说话要谦虚。有的同志可能觉得说话要谦虚这个问题有点小吧？其实，作风问题总是会以小见大的。说话不谦虚口气大的问题，在权力部门的干部中不是个别现象。我讲这一点是有所指的，个别同志会“对号入座”的。

前两天跟一位老领导聊天，我说：“您对我们的工作有什么建议？我在工作中应该注意什么？请您指点指点吧。”

他说：“那我真得提醒你一句，有机会一定要在会议上讲一讲，干部说话还是要谦虚，口气可不要太大了。有的干部级别不高，口大气粗，根本不把基层干部和群众当回事，一个机关有几个这种干部，就会把机关的整体形象搞坏。”

廉洁自律要管住自己的嘴，这是大家越来越注意的事情了。我看有了中央八项规定，不乱吃乱喝比较好管了，但管住嘴不乱说乱讲还是有一定难度的。涉密事项不能乱说乱讲，跑风漏气、封官许愿的话不能乱说乱讲，违反政治纪律和政治规矩的话半句都不能讲。这些都是必须要管住嘴的。

管嘴只是管表面，关键是要把心管好，必须保证没有私心，没有一星半点儿歪心坏心，这就管住了根本。

（8）情趣要健康。大家业余生活的情趣爱好，我建议还是要大众化，不要贵族化，提倡健康的生活方式，抵制不良习惯嗜好。

我们可以打篮球、乒乓球、羽毛球、踢足球，还有气排球，走路、游泳、爬山，等等，这些都是大众化的，也都是有利于身心健康的运动。

业余时间练练书法、写写字，不是也挺高雅的吗？一个人业余时间在干什么，不但反映他的情趣爱好，也反映他的生活品位和生活方式。

以上是“八要”，我再强调一下“三不”。

一不，对金钱和物质的态度，不要有占便宜、图享受、贪钱物的不良心理。“占、图、贪”三个字有很强的腐蚀性，这是大家时常要面对的，必须时刻保持清醒和警惕。

二不，对权力和自身职业的态度，不要有迷恋权力，迷信权术，热衷潜规则的阴暗心计。我们要光明磊落，公道正派，无私奉献，决不搞这些阴暗心计的东西。

三不，对工作和事业的态度，不要有弄虚作假、投机取巧、拉拉扯扯的歪门心思。再深入一步说，这不仅是态度问题，也不仅是作风问题，更是思想品质问题。

读者从以上老石讲党风廉政建设党课内容中，可以清晰地看出他是毫不客气针对现实问题，力求把党课讲得“针针见血”，把问题及背后的原因分析得合情合理，有力克服了一些党课讲得不温不火、党员听了不痛不痒“温吞吞”的现象。

5. 讲认真较真的党课

老石这个人的一个突出特点就是认真，讲党风廉政建设的党课尤其认真较真，从来不说那些模棱两可的话，也不说跟风应景的话。有一次，他讲党风廉政建设的党课，专门讲了认真这个问题：

毛泽东有一句名言：“世界上怕就怕‘认真’二字，共产党就最讲‘认真’。”有的党员干部，也包括“一把手”和班子成员，对工作不认真，有多种表现，不可小觑。

党的十八大以后，中央一直强调要认真、认真、再认真，但学习和工作不认真的干部仍然存在。

半年前，我参加党校的一个培训班，下课后在宿舍写小组讨论的发言提纲。有位级别不低的学员溜达进来，看到这种情景说：“你还这么认真呀！这种事儿也用精心准备？多大年龄了，还像学生一样？”话里话外，能听出他的讽刺口吻。

我由此想到，中央精神在一些地方和单位没落实好，老百姓不满意，肯定跟不认真的干部有直接关系。

这些“没落实”“不满意”，就是由于一些干部工作不认真造成的。共产党员一定要讲认真，一定要认真再认真，否则中央的精神就难落实落地，就对不起老百姓。

有的干部讲关系、讲圈子、讲潜规则非常在行，到讲认真的时候就一点都不在行不中用了。反过来，一些认真做事的干部，在他们眼里成了不识时务的人。个别干部的主要精力，没有放在干好工作上，私心杂念多，想法欲望多。对工作敷衍了事，三心二意，与自己利益无关的事情，得过且过。说的事情不一定去做，做了也会打很大折扣。一段时间里，不认真工作、偷懒耍滑、投机钻营的干部，却能得到一些好处，占到一些便宜。这正常吗？绝对不正常！

共产党人最应该讲认真，不讲认真的领导干部，不管他多么有能力有水平，都不是称职的干部。我们一定要把讲认真的要求，认认真真地贯彻到各项工作之中，同时还要把不认真的干部教育改造好。

6. 善用案例教学，搞实警示教育

开展警示教育，是党风廉政建设党课的一个重要功能。在党课中拿案例说事，搞有目的的案例教学，能够收到很好的警示作用。小严在大学读书时就经常听案例教学的课，参加工作后又注意收集各方面的典型案例，所以很擅长案例教学。小严认识到，在党课中如果进行有针对性的案例教学，会提高党课的效果。

党风廉政建设党课，需要结合真实具体的案例，尤其需要结合发生在身边的典型案例，开展真人真事的警示教育。小严准备党课讲稿时，不但注重引用典型案例，还注重对典型案例做深入的剖析，以案例说纪律，以案例说法规，以案例说道理，以案例说教训，以案例为反面教材和清醒剂。

一个时期以来，党风廉政建设党课的案例教学，得到了各级党组织和主讲人的重视，积累了不少经验。在强化案例教学，突出警示教育的过程中，小严认为有三个问题需要认真解决。

（一）解决讲的案例不典型，甚至不真实，把讲案例弄成了讲故事的问题

在党课中讲案例是一件严肃的事情，必须真实可信，切不可把小道消息当案例讲，也不能把案例当成故事讲。案例教学要有很强的目的性，应当根据上党课所要达到的警示教育目的，选择真实可信的典型案例。案例的使用，可短可长，可简可繁，不在数量多少，而在于案例的精确精准，与所讲党课主题贴切契合。一个案例如果能把问题讲清楚，就不要再讲其他的案例。也不能为了讲案例而讲案例，没思想没观点没判断，特别是注意把握好分寸。

（二）解决讲案例不分听党课的对象，目的性不强，没有紧扣党课主题，跑题偏题的问题

有的人讲党课不管听众是谁，上来就罗列一大堆早就准备好的案例，一个版本的讲稿，一个套路的讲法，根本不考虑听党课的对象是谁。讲课人讲得不对路，听课者听得似懂非懂，有时甚至还能听出了“弦外之音”。

比如，给民营企业的党员讲党课，大讲特讲省部级干部违法犯罪的案例，使听课党员觉得党政机关的腐败非常严重，几乎干扰到了他们的理想信念，动摇了他们对共产党的信任和信心。再比如，给农村基层党员上党课，大讲特讲党政机关干部违法违纪的案例，这样针对性比较差，没有贴近农村党风廉政建设的实际。

正确的讲法应该是，每堂党课都有明确的目的，案例必须紧紧扣住党课特定的主题，有所选择有所侧重地加以讲授。使用什么性质的案例，讲哪些人和事的案例，都要服从和强化讲党课所要达到目的的需要，不能随心所欲。切不可“政治性思想性不够，那就顺手拿那些稀奇古怪的案例来凑”。

要给金融单位讲党风廉政建设的党课，就要锁定全面从严治党的主题，如果想穿插讲案例，你可以选择近年发生的“赖小民（华融公司原党委书记、董事长）案”，根据党课主题的需要，分析危害及原因，强调在金融领域全面从严治党的极端重要性。假如莫名其妙地讲早些年发生的“胡长清（江西省原副省长）案”，那就有点跑题偏题之嫌了，金融单位的党员听了可能不知道你说的是谁，你说的是哪个年代的事儿。

（三）解决讲的都是大案例，对身边的案例有所忌讳，听课党员觉得腐败离自己很遥远，起不到警示教育作用的问题

一些人讲党课，喜欢讲“大老虎”的案例，或者讲个别“小官大贪”的案例，不太愿意讲小官小贪“微腐败”的案例，不愿意讲发生在身边的案例。实际上，小案例有大作用。特别是党的十九大之后，党课更有必要讲个别领导干部不收敛、不收手的案例，尽管违纪违法数额不大，但问题性质严重，那就值得细致地讲一讲了。

最能警醒人教育人的案例，是发生在本地本系统本单位的案例，发生在听课党员身边的案例，大家都会关心关注和受到触动。比如，到一个乡镇讲党课，最好引用发生在本县本乡镇领导干部违纪违法案例，“就地取材”的案例会比“远来和尚”的案例更有警示性，更能起到很好的警示教育作用。

第五讲

先进典型人物党课的讲法

榜样的力量是无穷的。我们所处的这个时代，既是需要榜样引领的时代，又是榜样层出不穷的时代。讲党课见人见事的一个最佳选择，便是讲先进典型人物事迹和精神，使他们成为广大党员学习追随效仿的榜样。

这方面的党课，主要讲为党和人民事业作出突出贡献的标兵楷模的奋斗历程，讲各条战线各行各业优秀共产党员的模范事迹，提炼概括鼓舞人、鞭策人、激励人的崇高精神。通过对先进典型人物事迹的讲述，对事迹中展示出的精神进行诠释，弘扬他们优良的道德品质和高尚的思想境界，盘点他们为社会创造的宝贵精神财富。以先进典型人物为题材，讲真实可信催人奋进的党课，用榜样教育引领广大党员，营造学英模赶先进的良好氛围，值得大力提倡。

讲先进典型人物党课，早就是老石特有的一个经常选项和强项，因为在他内心的深处，一直生长着敬仰先烈、崇尚英雄的情结。小时候董存瑞、邱少云、雷锋、王杰、欧阳海都是他学习的榜样，少年时代对他影响最大的书是《红岩》和《欧阳海之歌》。后来随着年龄的增长、经历的丰富、政治上的成熟，他对先烈和英雄的敬仰之情愈加深厚，对先进典型人物的认知愈加理性，工作中愈加善于运用培养典型、树立标兵、推广经验的方法。

在这一讲里，我要较为详细地推介老石讲焦裕禄和杨善洲的两次党课，主要是引用他的讲课稿，便于读者直接体会到他讲先进典型人物党课的个性化讲法，然后再说一说如何运用多种形式讲先进典型人物党课的问题。

1. 讲焦裕禄精神党课，蕴含鲜明的时代感

2014年4月，老石就学习贯彻习近平总书记在3月份到河南省兰考县调研指导党的群众路线教育实践活动时的重要讲话精神，推动向焦裕禄学习活动深入开展，给市县领导干部用PPT课件讲了一次学习弘扬焦裕禄精神的党课。

下面是其中第二部分的内容：

我接着讲第二部分，就是PPT上写的“红线贯穿”和“实践载体”。

习近平总书记在兰考的讲话，要求各级领导干部深入学习焦裕禄精神，并且专门用一个部分来讲焦裕禄精神。在这里我要强调，学习焦裕禄精神应当成为贯穿党的群众路线教育实践活动始终的一条红线和载体。

习近平总书记为什么如此重视焦裕禄精神呢？我个人的理解，这就是要在教育实践活动中彰显榜样的力量，发挥镜子的作用。我们要瞄准榜样找差距，对照镜子查不足，来一个再学习、再思考、再对照、再提高。

有些党员干部，参加教育实践活动初期，也学了不少文件，但对照检查并没有找出什么太大的差距，没有找出自己有多少毛病。而现在大家用焦裕禄精神来对照检查自己，便会发现差距非常具体，存在的问题也比较多了。因为这是对照榜样用高标准来查找问题的，不是拿一般标准将就对付走个过场。

习近平总书记的重要讲话，从四个方面概括了焦裕禄精神，现

在课件上分列出来了：

“心中装着全体人民，唯独没有他自己”的公仆情怀；

凡事探求就里、“吃别人嚼过的馍没味道”的求实作风；

“敢叫日月换新天”、“革命者要在困难面前逞英雄”的奋斗精神；

艰苦朴素、廉洁奉公、“任何时候都不搞特殊化”的道德情操。

根据习近平总书记的要求，分别讲一讲具体从哪些角度切入，深入学习弘扬焦裕禄四个方面的精神。

一要深入学习弘扬焦裕禄的公仆情怀，“骨子里爱民”。

焦裕禄的事迹，我们熟悉的是他带领兰考人民种泡桐，治理内涝、风沙、盐碱“三害”。现在大家学习焦裕禄，是要学习他不求名利，不求报答，“骨子里爱民”的公仆本色。我们学习弘扬焦裕禄精神，一个实质性要求就是要“骨子里爱民”，决不搞作秀那一套。

党员干部做的所有工作，为老百姓干的每件事情，只要具备了“骨子里爱民”的焦裕禄精神，做得就会自然、到位、有实效。

二要深入学习弘扬焦裕禄的求实作风，扎实搞好调查研究。

焦裕禄在兰考县工作只有四百多天，那个年代交通很不方便，下乡调研非常艰苦。请同志们看这幅让人感动的图片。焦裕禄带着重病，用这辆自行车驮着一个行李卷，靠着一双铁脚板，走访和蹲点调研了全县一百二十多个生产大队，平均三四天就要走一个大队，其紧张艰苦程度可想而知。

他之所以能提出治理“三害”的具体办法，之所以现在兰考到处能看到泡桐树，就是因为他深入调查研究，把县情摸得清清楚楚，搞明白了兰考贫困的原因。

做深入细致的调查研究和群众工作，是焦裕禄精神的一个重要组成部分。现在有些领导干部不缺学历和资历，就缺这种精神。

习近平总书记以他自己的经历为例，提出了向焦裕禄具体学什么的问题。他说，我曾经说过，当县委书记要走遍全县各村，当地市委书记要走遍各乡镇。这是对调查研究和干部作风的一个量化要求，不但县委书记、市委书记要做到，各级干部都要进行有一定覆盖面的调查研究。

党的好传统好作风还要继续发扬，调查研究还是要下一些“笨功夫”，使一些“厚道劲”，否则就可能是蜻蜓点水。

三要深入学习弘扬焦裕禄的奋斗精神，吃苦、拼搏、奉献。

焦裕禄是一个特别能吃苦、能拼搏、能奉献的好干部，他的身上充满着奋斗精神——为改变兰考面貌而奋斗。为了减轻老百姓的疾苦，他不惜牺牲自己的健康，最后献出了生命。

请大家认真看 PPT 上的图片，焦裕禄坐过的这把破了一个洞的旧藤椅。由于营养不良积劳成疾，在他生命的后期，肝病非常严重，痛起来几乎无法忍受。白天下去调研或者外出开会，夜晚坐在藤椅上办公时，他总是找钢笔、筷子、鸡毛掸等一类东西顶住肝部，以缓解剧烈的疼痛。时间长了，藤椅的右边就被顶出了一个窟窿。

焦裕禄就是这样拼着命奋斗，只想着把工作干好，唯独不想着自己。请大家听一首饱含深情的诗朗诵：

有一把藤椅让你消瘦
消瘦的不忍再触摸
有一把藤椅让你坚守
坚守的不惜去洞穿
风雨里沙窝盐碱里

你把全县八十四个风口摸清
唯独一个风口被你藏起
那个要命的风口
至今还敞在那把藤椅上
疼在许多人的哽咽里
那个要命的风　年年吹着
吹绿了兰考的大地
也吹绿了万千人的敬意

有一把藤椅让我自责
自责的不敢再坐下
有一把藤椅让我震撼
震撼得不忍离去
在日渐模糊的日子里
有多少感动能让人记清
还有多少故事让人流泪
唯独年代身影让我想起
唯独的是精神让我刻骨
一把藤椅立在那里
那个空荡荡的位置上
空荡荡着我们的心跳
空荡荡着我们的清醒
我们和一把藤椅的距离有多远
我们奋斗的诺言就有多远
……

四要深入学习弘扬焦裕禄的道德情操，时时事事求真务实。

PPT上的这张纸片，是焦裕禄亲手起草的领导干部“十不准”。字比较小，可能看得不太清楚，在这“十不准”里面，还包括一些“不准”，加到一起不止十个不准。

它的价值在哪里呢？价值就在于针对性强，十分明确具体。比如，不准用粮食做酒、做糖，礼堂前十排的戏票，不能光卖给机关干部，要按先后顺序卖票。

相比之下，前些年机关里定的一些制度，文字讲究，合辙押韵，要求不低，但就是不管用，为什么不管用呢？且不说执行层面的问题，就制度本身的内容来说吧，多是原则要求，缺少可操作性。

由此看来，我们不但要学习焦裕禄严于律己的高尚道德情操，还要学习他时时事事求真务实的较真劲儿，针对问题，详细仔细，简洁管用。

大家可能感觉到了，老石这次讲先进典型人物党课，成功之处在于把学习贯彻习近平总书记重要讲话精神突出出来了。一方面讲焦裕禄感人的事迹，用PPT上的图片讲了他调研的故事、与病魔斗争的故事、亲手起草“十不准”的故事。另一方面讲习近平总书记重要讲话精神，每一段都体现了学习弘扬焦裕禄精神的要求。他以习近平总书记重要讲话精神为指导，选择了四个深入学习的切入点，扎扎实实把焦裕禄精神讲出了鲜明的时代感。

2. 讲杨善洲精神党课，把自己彻底摆进去

了解情况的同志说，老石这个人不但研究党课的讲法“有瘾”，而

且讲先进典型人物党课“也有瘾”。2015 年 10 月，老石结合自己四年多的亲身经历和深切感受，到杨善洲干部学院讲了一堂真心真情流露、把自己彻底摆进去的专题党课：

同志们，大家好！我非常珍惜这次讲杨善洲精神党课的机会，今天是带着非常崇敬的心情走上讲台的。

我讲党课的题目是“严以用权，踏踏实实谋事创业做人”。为什么把这次党课放到杨善洲干部学院来讲、来讨论呢？就是因为杨善洲绝对是领导干部严以用权，谋事创业做人都非常实诚的典范。

光阴如梭，时间过得真快，一晃我来省里工作四年多了。刚才，在大亮山善洲林场，我看到了 2011 年 9 月自己种的一棵白玉兰树，引起了一些回忆。白玉兰象征着纯洁，杨善洲特别喜欢这种树。当年在自己住的工棚前，他就种过几棵白玉兰，现在已经长成几米高了。

大家可能知道，杨善洲 1927 年出生在云南省保山市施甸县姚关镇，1964 年任施甸县委书记，1977 年任保山地委书记。1988 年退休后，他没有进城享清福，而是义无反顾地上了大亮山，用生命的最后二十多年，带领乡亲们绿化了一座近 6 万亩的荒山。

我们都看到了，如今的大亮山已是松柏擎天，翠竹蔽日，林海茫茫，生机盎然。2009 年杨善洲病重，他毫不犹豫把这座碧绿碧绿的山交还给了国家，交还给了施甸人民。请看一段视频：

“千万不要把这么一大笔财富归到我一个人头上，它从一开始就是国家的，我只是在代表国家植树造林，实在干不动了，我只好物归原主。”

杨善洲说话多么朴实啊！他两袖清风，不留任何遗产，没有什么遗憾，“物归原主”，放心地走了。不！他没有走，他还活在我们心中，杨善洲精神不朽！

四年多来，我九次上大亮山，深知杨善洲是一个实在的人，一个纯粹的人，一个真正的人，一个脱离了低级趣味的人，一个值得我终生学习追随效仿的人。

杨善洲用他一辈子的实际行动，将平凡与伟大质朴地集于一身，将传统与时代完美地融为一体。当之无愧成为共产党员的杰出楷模，成为领导干部的光辉榜样。他不仅是全省人民的骄傲，还是我们党一笔宝贵的精神财富。

来的路上，我们在中巴车上观看了电影《杨善洲》，又了解了他很多鲜为人知的故事。我和大家的感受一样，杨善洲的一桩桩事迹，都跟严以用权有关系，跟谋事创业做人有关系。

每次上大亮山，我都带着具体任务，其中一项任务就是推动杨善洲干部学院的建设。目前，这所干部学院已初具规模，墓园建好了，“善洲小道”也开通了，纪念馆开馆了，配套设施在不断完善，可以分批接待来学院培训的学员了。

每次上大亮山，我都会到他老人家的墓前静默一会儿，站一站，看一看，想一想，经受心灵深处的洗礼，引发赤子之心的激励，于是便会有思想感情上的收获，便会有精神境界上的升华。

记得那是 2011 年秋天的一个中午，我第一次上了大亮山。这里还是原生态的“股级林场”，天下着小雨，上山的道路在翻修中，泥泞不堪。我走进了大亮山，走近了杨善洲，他就像一棵参天大树俯瞰着我，就像漫山遍野、生机盎然的翠竹松柏呵护着我，就像巍峨耸立的云岭巅峰召唤着我。

2012 年春节前我又上了大亮山，那天晚上我住在杨善洲住了多年的工棚里。这个用细树干、粗树枝搭建的“小屋”，四面透着寒风，我一夜没睡，翻来覆去地思考着，我到底应该向杨善洲学些什么？

在那个不眠之夜我领悟到，《杨善洲》是一本越读越耐读的好书，是一套理想信念教育的系列教材，是一座教导我们做好人、干实事、当公仆的图书馆——杨善洲干部学院就应该建在大亮山上。

2013 年的夏天，我来到大亮山参加一个学习杨善洲、反对“四风”的研讨会。与杨善洲共过事或采访过杨善洲的九位同志，在会上作了情真意切的发言，回放了他们亲历过的一些历史镜头。九位同志从不同角度讲了弘扬杨善洲精神、扎实走好党的群众路线、坚决反对“四风”的体会，我等于听了九节学习杨善洲的专题课。

2014 年春末，雨后的大亮山，云蒸霞蔚，满山晶莹剔透，这一次上山让我体验到了，杨善洲是一面党员干部需要经常照一照的镜子，是一面引领方向、催人奋进的旗帜，是一座值得全省党员干部群众敬仰和铭记的世纪丰碑。

2015 年年初，那次来到大亮山，我和市县的同志们专门研究了如何进一步加快杨善洲干部学院建设和完善培训工作，进一步深度挖掘传承杨善洲精神，并将学院建设与龙陵松山、腾冲爱国主义教育基地建设结合起来的问题。

我之所以多次上大亮山，到善洲林场，到杨善洲干部学院，就是要把这里建设成为全省的党员干部教育基地，建设成为学习弘扬杨善洲精神的“林中课堂”。

就在几个月前，我第八次上大亮山，先去了姚关镇陡坡大柳水村杨善洲家的老屋。小院子长满了青草，屋的后墙已经倒塌，看起来真的有些寒酸。这种旧宅院，村里的贫困户都已经不住了。屋檐下堆着不少旧农具，都是杨善洲使用过的。在墙角我发现一个破了口的腌菜坛子，捧在手上不想放下。

杨善洲的六十多岁大女婿对我说：“这个腌菜坛子起码用四十多年了，过去家里穷啊，一年四季都要靠吃腌菜度日。”我面对杨善洲用过的这个腌菜坛子，仿佛看到了当年那位朴实憨厚的“草鞋书记”。

我拿着腌菜坛子反复地擦拭抚摸，杨善洲的大女婿见此情景就说：“你喜欢就把它带走吧。”我感激不尽。这个腌菜坛子，是我多年下乡第一次非常想要的东西。

回到机关，我把它摆在了小会议室的桌子上。开会的时候，我介绍了它的来历，杨善洲用它用了几十年，这个腌菜罐子可以折射出人民公仆的本色和艰苦奋斗的精神啊！

几天后，我还以这个腌菜坛子为实物，做过一次专题民主生活会的发言。凝视着这个腌菜坛子，我蓦然想到，这不就是一面查找自己差距的镜子吗？

是的，杨善洲虽然去世了，但他的精神无时无刻不在坚定着我们的意志品质，陶冶着我们的道德情操。他鞠躬尽瘁，呕心沥血，死而后已，实践着共产党人的善行壮举，传承着全心全意为人民服务宗旨的炽热薪火。

当前，正在深入开展的“三严三实”专题教育，领导干部特别需要有一面能够照得出不足、找得到差距、见贤思齐的镜子。这面镜子就在我们身边，就在我们眼前，就是杨善洲。

杨善洲一辈子坚守共产党人精神家园不弃不舍，坚守人民公仆本色不退不变，坚守清正清贫清廉一尘不染。

他六十年如一日根系群众，没有丝毫的庸俗官气。

他六十年如一日求实较真，没有丝毫虚假浮夸。

他六十年如一日感恩奉献，没有丝毫求名图利。

他六十年如一日埋头苦干，没有丝毫偷闲享乐。

他六十年如一日严于自律，没有丝毫杂念私心。

对于领导干部来说，杨善洲不是一时一事的镜子，也不是三年两载的镜子，而是一生一世一辈子的镜子。

对照杨善洲这面镜子，我们会发现差距有多么多，有多么大，有多么不可忽视。除了惭愧和反思自省，大家就是要发奋努力学习楷模，就是要与“四风”等各种消极腐败现象作坚决斗争。

杨善洲真的是一面十分难得的镜子啊！这面镜子可以照出我们脸上、身上乃至灵魂深处不干净、不纯洁的点滴污渍，可以照出我们思想上和行动上的种种差距。

用杨善洲这面镜子照一照自己，忠诚于党和人民事业的心扉便会更加宽广豁达，不为名不图利甘当人民公仆的言行便会更加平实厚重，为中国特色社会主义事业不懈奋斗的决心便会更加坚定不移，信仰马克思主义的精神境界便会更加纯正净洁。

对照镜子检视自己，在理想信念方面，我缺少杨善洲那样的定力和执着；在求真务实方面，我没能做到杨善洲那样咬定青山不放松；在艰苦奋斗方面，我不如杨善洲那样矢志纯朴；在亲民为民方面，我不如杨善洲那样热心赤诚；在廉洁奉公方面，我不如杨善洲那样自觉自律。

以杨善洲为镜子，确实找到了自己的差距，他身上的长处就是我身上的短处，他思想中闪光的东西就是我头脑中阴暗的角落。对照杨善洲，我有很多差距，借今天党课的机会，我就说一说自己三点比较要害的差距。

第一个差距，“不怕什么”“怕什么”的差距。

大家看，我们身后墙上杨善洲的这句话：“共产党人，什么困难也不怕，就怕脱离群众、失掉人心。”他的这句话是很有深意的。我曾认真思索过，人啊，应该怕点什么，如果什么都不怕，就很可怕了。

杨善洲不怕艰难险阻，不怕被别人不理解。他在大亮山风餐露宿二十多年，没搞半点特殊化，不给女儿办农转非，偶尔用一次公车办个人的事坚决交钱。他为什么要这样做呢？就是因为他怕“脱离群众，失掉民心”。

而我自己的“怕”，和杨善洲的“怕”确实有些不一样的地方。我是怕群众不信任，怕民意基础差，怕丢推荐票、丢选票。这种怕是当太平官的怕，是有私心杂念的怕，不是共产党人应该有的怕。我是怕得罪人，怕担当责任，怕工作太苦太累，怕费力不讨好，也怕吃苦又吃亏。

这些怕，在杨善洲那里一丝一毫都没有，但在我这里或多或少都有一些。我的这些怕，不但是官僚主义的怕，还是个人主义、利己主义的怕。

对照杨善洲，我认识到“怕什么”“不怕什么”也是一块灵验的试金石。领导干部如果该怕的不怕，不该怕的怕了，那就很容易成为误党误国的政客，这才是非常可怕的事情啊！

第二个差距，“干工作到底给谁看”的差距。

杨善洲说过，“我们干工作，不是干给上级看的，而是为了老百姓的幸福。”他还说过，“我不图名不图利，图的就是老百姓说，没白给我吃公粮。”这些朴实无华的话语，体现了他那至纯、至俭、至善的精神境界。

杨善洲任劳任怨绿化大亮山，绝对没有给上级看的意思。他呕心沥血，默默无闻，每一滴汗水都是为老百姓幸福流的。

回顾自己四年多来在省里的工作，也是为老百姓干的，也取得了一定的成绩。但我不得不承认，工作中想得较多的是，最好能得到上级领导的肯定，得到各方面的关注重视，包括得到中央媒体的宣传报道，至于这些工作到底能给人民群众带来多少好处，想得的确不够多。

在这种思想的影响下，形式主义的东西滋生出来了，只对上负责不对下负责的毛病一犯再犯，而且还不以为然。有些工作不是从实际出发，而是从文山会海的惯性出发，从分管工作和部门工作的“一亩三分地”出发。把工作的出发点设定在这里，我的思想格局能大到哪里去呢？对照杨善洲，查找自己的差距，我真的是感到十分内疚。

第三个差距，“敢于承认自己缺点和不足”的差距。

“三严三实”专题教育学习研讨和民主生活会，我都按要求查了问题，找了差距，列了清单。但查来找去，问题中“干货”不多，“水货”却不少，这就反映出自己与杨善洲的一个实质性差距——不敢承认自己的缺点和不足。

1985年杨善洲在一份对照检查材料上写道：“我政治不敏感，政策思想水平低，受‘左’的影响深，妨碍着党的开放搞活政策更好的贯彻执行，平时理论学习差，不敢实践、观望等待省委做出具体部署。”

我刚才专门核实了一下，那一年他还是保山的地委书记。作为“一把手”，杨善洲敢于在政治上、思想上、实践上三个方面查找自己的缺点不足，堪称高标准严要求啊！这位大家公认的楷模，各方面做得都非常好了，竟然还能白纸黑字写上自己“政治不敏感”“受左的影响深”“观望等待”这种属于硬伤的缺点不足。

对比起来，我的差距真的是太大了。本来工作没有做好，但不愿意公开承认自己的失误，在民主生活会上也是躲躲闪闪、绕来绕去、煞费苦心，实质问题不敢涉及。上大亮山反思反省的次数多了，自己逐渐认识到，一个领导干部的思想修养到底有多好？政治素质究竟有多高？关键看他对自己的缺点不足能否有清醒认识，能否不遮不掩，能否勇于承认，能否愿意认真改正。以纯朴真诚的杨善洲为榜样，我一定要正视自己的缺点不足，明确新的努力方向。

我们向杨善洲学习，就是要学习他担心脱离群众、失掉民心的危机意识，学习他不图名利、只为百姓的公仆风范，学习他敢于承认自己缺点不足的高风亮节。

杨善洲精神蕴含着深厚的草根情结，执着的理想信念，强烈的公仆责任，踏实的纯朴作风，高尚的宗旨境界。让我们沿着杨善洲的足迹大步前行，找差距、增动力、见行动，坚持和传承中国共产党人的优秀品德、光荣传统和良好作风，争做人民满意的好党员好干部。

看得出来，老石的这次党课，在讲之前是经过认真思考和精心准备的，到了讲党课的现场又是触景生情和有感而发的，他将理性与感性较好地结合在了一起，诚挚抒发了非常真挚的情感，同时又准确表达了自己的体会和主张。这是他讲党课的一项基本功，也是老石固有的讲法特色——用真心用真情讲党课，富含真情实感的正能量。

老石从第一次上大亮山种白玉兰树说起，一直说到第八次、第九次上山，讲述的内容一步紧跟一步，一环紧扣一环，有叙事、有描写、有抒情、有议论、有对比、有概括、有感慨，讲的都是实话真话心里话，流露的都是对杨善洲的爱戴、仰望、敬佩之情。

讲党课，尤其是领导干部讲先进典型人物党课，如果不联系实际，没有真心真情，那就很可能变成轻描淡写的陈词滥调，变成打官腔唱高调的讲话报告。在这一点上，老石做得相当好，他讲党课善于用自己的个性化语言讲，敢于联系自己的思想和工作实际讲，表现出了反思反省的勇气。有不惜解剖自己“刀刃向内”的自觉，有敢于进行自我批评“向我开炮”的胆识。他不会表白自己做得如何如何了不得，反而会主动揭自己的短，亮灵魂深处的丑。

老石讲学习杨善洲精神的党课，好就好在没有居高临下，指点江山社稷，要求别人怎么怎么办，讲的内容跟自己没有一点关系，不过是领导讲话稍微换了点说法。小严的感受是，听老石讲先进典型人物的党课，似乎就是听他在与先进典型人物在对话、在讨教、在交心，说的是一些掏心窝子的话，实际上那是他在用先进典型人物的标准严格要求自己。

难能可贵的是，老石把自己完全代入了党课，恳切地拿自己的缺点不足作为讲党课的“靶子”。这种讲法，是坦率直白的真诚讲法，也是自觉反思反省的自信讲法，还是足够机敏聪慧的明智讲法。

3. 运用多种形式讲先进典型人物党课

早在 2005 年，开展保持共产党员先进性教育活动期间，老石就在部委机关树立了“老黄牛”“小骏马”一老一少两个先进典型，并在全机关党员大会上组织了一次集体党课。这次党课由他策划组织并串讲，

“老黄牛”讲了自己在信访岗位上是如何心系群众、不图名利、默默奉献的经历和感悟，“小骏马”讲了自己考录进机关后如何谦虚好学、勤奋工作、争创一流的收获和体会，他们所在处的处长介绍了两位先进典型的感人事迹。

这次先进典型人物讲党课活动的直接效果是，使部机关保持共产党员先进性教育活动有了身边的学习榜样，同时创新了党课形式，提高了党课的质量。后来老石到地方工作，又对这种类型党课的讲法进行了改进和完善。

讲先进典型人物党课，我们的教学资源越来越丰厚了，条件也越来越好了。最近这几年，各地及有关部门相继建立了一批以先进典型人物命名的学院。如焦裕禄干部学院、雷锋学院、李大钊干部学院、杨善洲干部学院、谷文昌干部学院等。另外，还有大量的纪念馆和党性教育基地，都可以作为上先进典型人物党课的阵地。

在这些干部学院、纪念馆和党性教育基地，可以进行较为系统的党员干部培训，首选课程就是要严肃认真上好学习先进典型人物的党课，通过重温入党誓词、实地参观、事迹介绍、专题讲授、互动交流等方式，把这一类型的党课讲得更加鲜活生动，形成能够打动人心的现场气氛。如讲授学习孔繁森精神的党课，就可以组织党员到孔繁森纪念馆，边参观边讲解，然后坐下来讲学习孔繁森精神的专题党课，并进行座谈，这样会比在会议室里讲的效果更好一些。

前段时间，在“不忘初心、牢记使命”主题教育中，我们机关五百多位党员听了一场“航天人精神”的党课，大家纷纷表示受益匪浅。这堂党课策划设计得非常科学新颖，讲的内容和表现形式十分感人，大家听了之后深受激励，久久回味，对实现中华民族伟大复兴的中国梦更有信心了。

这是一堂将辉煌历史与时代担当进行紧密对接，充分运用了多种表现形式和信息合成技术，充满了穿越感和震撼力的党课。党课着眼于几代航天人这个先进典型群体，分别由八十多岁的第一代航天人，四五十岁的第二代航天人，二三十岁的第三代航天人，完美再现了一代又一代薪火相传的航天人初心使命，生动讲述了在中国共产党坚强领导下，科技工作者勇于担当作为，无私无畏勇攀航天科技高峰的奉献精神。

第一代航天人的优秀代表，从我国第一颗人造地球卫星的成功发射讲起。他用那些令人难以忘怀的艰辛史实告诉听众，为祖国争光、为党和人民的事业奉献的航天人精神，是怎样诞生和传承下来的。随后，其他同志分别讲授了不同年代航天人所承担的职责使命，有的片段是一个人讲，有的片段是几个人讲，有时还会在大屏幕上再现航天人当年艰苦奋斗的情景。

主持人恰到好处衔接了这堂“大党课”的各个板块，既不“喧宾”也不“夺主”，讲到关键之处会有画龙点睛的妙语金句。PPT 课件较多使用了珍贵的历史图片和短视频，党课的现场气氛热烈，激动人心。这堂精心策划组织的由集体讲的“航天人精神”党课（也可以说是情景党课），持续了两个多小时，五百多位党员没有一个人离开，每当讲到精彩段落，掌声就会响起来。

用这种方式讲党课，成功的主要之处在于，几代航天人综合运用了传统的和现代的多种要素，讲的方法灵活多样了，讲的先进典型事迹都是看得见摸得着的，航天人精神的提炼概括精确且带有具象化特点，尤其是先进信息技术的优势得到了展示。

表面上看，这好像是一场先进典型事迹报告会，但它的确是一堂货真价实的主题教育党课。虽然其表现形式丰富多彩，但表达的内容始终是严肃庄重的，紧紧扣住了“不忘初心、牢记使命”这一党课主题，突出了党课教育的目的性，无论从哪个角度、用什么方式表现，都坚持了党课应有的基调和风格。我们在探索创新党课形式过程中，若能自觉把握好这些要点，成效就会更显著。

第六讲

基层党组织书记如何讲党课

有关讲党课的刚性要求特别强调，有两个讲课的主体不能缺失，一个是领导干部讲党课是必须的，是职责所在；另一个是基层党组织书记，包括基层党委书记、副书记，党支部（总支）书记、副书记。基层党组织书记讲党课也是必须的，也是职责所在。本讲先说一说基层党组织书记讲党课需要解决好的有关问题。

1. 切实解决“三不”问题

初步估算，全国大概有几百万基层党组织书记，这些同志无一例外均有讲党课的责任。如此宏大的一个讲课主体集群，应当充分发挥讲党课的生力军作用。从目前情况看，基层党组织书记履行讲党课的责任得到了加强，但讲好党课的能力和水平还参差不齐，相当一部分同志觉得讲好党课是挺难的事情，有的不敢讲，有的不想讲，有的不知道怎么讲。当前就是要以解决这“三不”问题为突破口，从基础工作和基本功抓起，切实提升基层党组织书记讲党课的质量和实效。

我们要面对的现实是，在基层党组织书记队伍中多数同志都是兼职的，他们所处的工作环境条件不同，从事的职业专业不同，他们中间有的是机关干部，有的是科研人员，有的是教师学生，有的是医生护士，有的是一线产业工人，有的就是地地道道的农民。这些同志想要讲好党课，确实面临不利条件和许多困难，但也有不少有利条件和固有优势。

他们与基层党员的思想实际和工作实际都是零距离接触，使用的思维和语言就是党员们惯用的思维和语言，对事物的看法和见解也是党员们的看法和见解。他们熟悉基层真实情况和党员思想状况，最了解党员想什么、盼什么、缺什么、赞成什么、反感什么，最清楚工作的关键所在、问题的症结所在，最知道讲什么样的党课、怎样讲党课党员们才爱听。在所有讲党课的主体中，基层党组织书记应该是最接地气的，讲的党课应该是最符合基层实际的。应当充分考虑到这个讲课主体集群的特殊性和差异化，使他们在各类讲党课的主体中彰显特有优势，尽其所能，扬其所长，当然也要避其所短。

对基层同志讲党课的要求，不是不需要理论性，而是更需要强调针对性和实效性；不是不需要规范性，而是更需要强调兼容性和灵活性。

——解决不敢讲的问题，有效的办法是鼓励专兼职党务干部都大胆尝试讲党课。基层党组织书记在讲党课的问题上也要敢担当，把讲党课的责任勇敢地担当下来。胆量是要在实践中获得的，大胆而经常地进行讲党课的实践，是克服畏难情绪最管用的武器。一回生两回熟，只要讲过一两次，就会觉得讲党课并不难，讲好党课也是能够做到的。小严进行基层党组织书记讲党课培训时，就是采取“赶鸭子上架”的办法，专门请不敢讲党课的同志上讲台，收到的效果出奇好，由此还发现了一些讲好党课的人才。

——解决不想讲的问题，就得加强对基层党组织书记的政治思想教育，提高他们对讲党课的认识，消除思想顾虑和障碍，不断增强讲好党课的责任感。坦率地说，对于党课存在不敢讲和不会讲的情况，还多多少少有情可原，但若是主观上就不想讲，那就是不应该的了。党组织要帮助不想讲党课的少数同志找到不想讲的原因，指出问题的危害，解决思想深处的问题。

——解决不知道怎么讲的问题，各级党组织和有关部门要采取综合性措施，做好加强指导、示范和培训三项具体工作，练好基层党组织书记讲党课的基本功。

（1）加强指导。指导就是服务，加强指导又是加强领导。上级党委要靠前指导，要有任务安排，有课程设计，有时间要求，还要采取督促检查和交流观摩等措施。尤其要加强日常的指导，把基础性工作夯实，同时要帮助基层党组织书记解决一些实际问题，创造讲好党课的条件和环境。

（2）加强示范。各级党员领导干部要以上率下，一级做给一级看，层层做示范。比如，集团公司党委书记要求分公司党委（总支）书记讲好党课，那自己就得先带头讲好党课，为基层党组织书记作出样子。还有一个加强示范的好办法是，提倡领导干部到基层讲党课，一些担任基层党组织书记的领导干部，不但要过好双重组织生活，还要以基层党组织书记的身份讲好党课。这种示范作用更带有引导性和持久性。

（3）加强培训。一些地方和单位举办怎样讲党课的培训班，很快就收到了立竿见影的效果。培训的内容主要应当是讲党课的基本功培训，也就是实际操作的培训，相关的道理、理念、思路要讲，但更要讲管用的方法和技巧。这种培训不但要讲如何才能讲好党课，更要进行讲党课的实际操练。

2. 职责定位：四个联系，三个重点，两个作用

关于基层党组织书记讲党课的职责定位，我认为要立足四个联系，即联系党员、联系群众，联系党员思想实际、联系业务工作实际；突出三个重点，即重点宣传贯彻党的路线方针政策，重点领会执行中央精神和决策部署，重点推动上级党委工作要求落地见效；充分发挥两个作用，即充分发挥基层党组织的战斗堡垒作用，充分发挥共产党员的先锋模范作用。

（一）大前提和基础点是四个联系

对于大多数基层党务干部来说，讲党课联系党员的思想实际和业务工作实际是没有任何疑问的，但如果说讲党课还要联系党员、联系群众，可能就会多多少少有问题了。我的看法是，前两个联系是讲党课的联系内容，后两个联系则是讲党课在目的上的联系主体对象——基层党组织书记讲党课的基本职责，就是联系党员和联系群众。

基层党组织书记们讲党课较好地注意了联系党员思想实际和业务工作实际，但对通过讲党课实现联系党员和联系群众的目的，还是不太有效。事实上，在这四个联系中，后面这两个联系更带有根本性，联系党员是各级党组织的核心职责，联系群众实际是巩固党的执政基础的最重要措施，也是坚持全心全意为人民服务根本宗旨的基本要求。相比之下，后两个联系的难度大一些，但意义更重大。我们讲党课，只有真正踏实地联系了党员和群众，才能更密切地团结党员和更有效地教育党员，同时把党密切联系群众的好传统好作风发扬光大。

（二）关键要突出三个重点

第一，重点学习宣传贯彻落实党的路线方针政策。任何一种类型的党课，都要讲好党的路线方针政策，基层党组织书记上的党课更要常态化地讲这个重点内容。基层党组织书记讲党的路线方针政策的党课，要与党员的切身利益和关心的问题挂上钩。比如，讲党课如果涉及社会保障政策，不但要讲党的新发展理念和国家的“大政策”，还要讲与普通党员关系密切的“小政策”。把与党员切身利益密切相关的“小政策”与“大政策”放在一起讲，就能把他们有疑虑的问题讲得云开雾散。

第二，重点学习领会贯彻执行中央精神和决策部署。基层党课的内容，一要下接地气，二要上接天线，紧跟中央的精神和重大决策部署，经常学习和讲解中央重要会议的精神，特别是要重点学习领会贯彻执行习近平总书记重要讲话指示精神，使中央的声音成为基层党课的主旋律。

现在党员获取信息有多种便捷的渠道，基层党组织书记讲党课不能讲“晚了三秋”的党课。你念的报纸内容，读的文件精神，党员们或许几天前就在电视上、电脑上、手机上看过了，可能不需要费劲再念了再读了。有些基层党组织书记对这些情况反应得有点迟钝，讲党课时还是习惯按部就班走老路，效果就不怎么好。

基层党课要适应新形势新任务，改进方式，完善方法，采取“领学式”“引导式”“同步式”“解析式”“互动式”等多种方式讲党课，使中央精神和重大决策部署及时入脑入心，变成广大党员的思想共识和实际行动。

第三，重点推动上级党委工作要求落地见效。对于这一重点内容，有些同志或许有点疑义，觉得其层级和分量恐怕有些不够吧？老石对这一重点还是比较坚持的，他认为上级党委的工作要求不是凭空作出来的，都是党的路线方针政策、中央精神和重大决策部署的具体化。假如不把推动上级党委工作要求落地见效作为重点内容，那就可能出现“断档”“短路”的问题，导致党的路线方针政策和中央精神及重大决策部署“悬在半空”。因为突出第三个重点是实现前两个重点的关键性保障举措。

说来说去，讲党课要重点推动上级党委工作要求落实见效，实质还是要推动党的路线方针政策和中央精神及重大决策部署在基层的贯彻落实。同时，也要推动本单位突出思想、工作问题的解决。我们强调讲高质量的党课，就是要认真做好贯彻落实“最后一公里”的政治思想教育和组织引领工作。

（三）必须落脚到充分发挥两个作用上

基层讲党课的重要目的，就是要充分发挥基层党组织的战斗堡垒作用，充分发挥党员的先锋模范作用。这两个作用不但应该作为基层党课的落脚点，实际上也是基层党建的落脚点。党课讲得认真，讲得系统全面，但讲完了仍然看不到两个作用的有效发挥，那就等于白讲了。如果出现这种情况，就要查找讲基层党课的职责定位是不是出了问题。

我们要通过党课活动，使基层党组织的创造力凝聚力战斗力不断增强，使广大党员的政治素质、思想水平、责任感、使命感和综合能力不断提升。从一定意义上说，基层党课的功能和效果，对于基层党组织建设的作用是厚植根脉、强基固本，对于党员的政治思想建设和能力建设的作用是健身强体、充电加油。形象地比喻，基层党组织书记讲党课，“双脚”要落地，一只脚要落到充分发挥基层党组织战斗堡垒作用上，另一只脚要落在充分发挥党员先锋模范作用上。

3. 主攻方向：化解旧供给与新需求的矛盾

对讲基层党课这项工作，既要研究“供给侧”的缺口和短板，又要研究“需求侧”的整体状态，以及“难满足”“难满意”的具体原因，探索化解旧供给与新需求矛盾的有效途径。有的基层党组织书记讲党课的质量较低，同时有的党员听党课的积极性也不高，旧的供给能力不足与质量不优的问题是交织在一起的。

我们要从基层党建实际需要出发，进一步加强基层党组织书记的培训，特别是要加强如何讲好党课的业务培训。基层党组织书记讲党课的性质和特点有个基本判断，那就是日常的党内教育，经常的组织生活，党员的自主教育，基层党组织有针对性的引导启发式教育，还是基层党组织书记的自我教育和自我提高。基于“自主”“自我”“教育”这三个要点，基层党课就要注重由“外对内”灌输型的注入教育模式，向“内对内”自主自我的内生教育模式转换。

基层党组织书记讲党课，不一定讲那些高大上、高精尖的“阳春白雪”，要具体讲基层党组织日常生活的“米面菜、肉蛋奶、油盐酱醋、吃喝拉撒”，要经常讲基层党员一年四季的喜乐哀愁、甜酸苦辣的“下里巴人”。就是说，基层党课供给要多渠道多样化，品种搭配要科学，营养成分要充足，还要符合不同行业和单位党员的口味。要针对基层党员的思想动态、情绪变化、所想所需，及时解疑释惑，充饥解渴解乏，讲出“春雨贵如油”“润物细无声”的效应。

还有一个问题应该注意解决好——基层党组织书记讲党课不能当“光杆司令”。其实，主讲人开了个好头，就可以因势利导，循序渐进，有意识地引起大家参与讨论的兴趣，适时淡出“退二线”，等有点冷场时，再回到“一线”。在这过程中，主讲人主要是起到牵线搭桥和促进认识深化的作用。基层的党课，不一定要写成完整的讲稿，备课的要领应该是找好与党课主题相关的事例素材，明确想要讲的道理，厘清思路，打好腹稿。讲课提纲可以有，但不必拘于提纲，临场发挥的效果会更好一些。

老石的经历比小严丰富得多，在基层讲党课的经验也不少。他曾经介绍过自己：他第一个职务是车间班组的团小组长，入党不久就当上了公司团委的党小组组长、工会团委党支部书记，到地方工作后被选为县政府办公室党支部副书记，省直机关处室党支部书记，各种题材的党课都讲过，各种党课的讲法也都尝试过，有成功的喜悦，也有挫折的教训。

有幸的是，早年他在省委办公厅综合处当党支部书记时，省委书记就编在同一个支部过组织生活。20 世纪 80 年代初，正赶上整党运动和党员重新登记，基层党组织活动频繁，老石还是二十多岁的小伙子，兼职抓党建工作的热情很高。省委书记坐在那里，他主持会议还是有些忐忑紧张的。但他也有自己的办法，他提议请省委书记给支部讲一次党课，大家都觉得这个主意好，就是怕领导工作忙没时间准备。想不到的是，省委书记愉快地答应了，半个月后就给支部的十一名党员讲了一次党课。

省委书记讲的党课题目是“开展严肃认真的批评和自我批评”。新中国成立初期留学苏联期间，他所在党组织的政治生活是非常严肃认真的，党员之间大到政治纪律、学习态度，小到勤俭节约、生活细节，都会及时进行坦率的批评和自我批评，该说明的说明，该检讨的检讨，该处理的处理。省委书记特别希望，通过这次认真的整党，很好恢复党的批评和自我批评的优良传统和作风。

现在回忆起来，老石真正理解了省委书记为什么讲这个题目的党课。当时相当数量的党员是“文化大革命”中或近几年入党的，对党的光辉历史和优良传统缺乏了解，对批评和自我批评的好作风更是知之甚少。那次省委书记讲党课，就是根据党员状况和对党课的需求，把优良传统作风、历史经验与现实问题糅在一起讲，大家听了深受教育。

4. 用身边的人和事，说明身边的道理

听基层党组织书记讲党课，通常是一个村、一个社区、一个车间班组、一个处室、一个小单位的党员，彼此之间都知根知底，书记平时的一言一行都在党员们眼里心里。讲的真不真、实不实、有没有用，大家听上几句就能判断得八九不离十。基层党组织书记讲党课，是“站在哪座山上唱哪首歌”，调不能唱高了，不能唱假了、唱跑调了，要做到内

容符合基层实际，形式朴实无华，不用拐弯抹角，要善于用身边的事说明身边的道理。

用身边的人和事，说明身边的道理，是小严讲基层党课“手拿把掐”的本事。前些年，他还在乡镇工作，农民的大田种完后开始种山上的地了，一看日历又快到他给农技站党支部讲党课的时候了。小严明显感到，现在党员们听党课的胃口越来越高了，“如果没有金刚钻，真的不敢揽这瓷器活”。那么，这个季度的党课讲点什么好呢？那段时间里，他一有空就思考党课任务如何完成的事儿，见缝插针，留心收集素材，用心打着腹稿。

一大早起来，小严骑着摩托车去一个贫困村，路上遇到一位住在扶贫搬迁安置点的老乡回村种地要搭“顺风车”，小严二话没说，等他在摩托车后座上坐稳了，一踩油门就往山里开了。一路上，小严和老乡亲切地聊上了天，想借此机会听听农民对农技站的意见。

搭车的这位老乡还挺爱说话的，滔滔不绝讲起农技站新来的党员小李为贫困户做的好事。小严一听就兴奋了，觉得这可是讲党课的好素材，经过精心的立意构思，讲党课的腹稿有谱了。几天后的一个晚上，小严在农技站党支部讲了一堂再次受到党员们好评的党课：

大伙儿辛苦一天了，我今晚的党课讲得不会长。讲得不好不对的地方，谁都可以把我“叫停”了。

先得做个自我批评，我对新来乡里工作的年轻党员关心得不够，了解得不多，只知道给他们安排活。如果不是前几天遇到搭车的老乡，讲起小李默默无闻干的好事儿，我还真不知道咱们乡里有这么一位优秀的年轻人。

老乡告诉我：“你们站里的小李可是不简单，来乡上才三个多月吧，就把我们安置点上二十多个贫困户家跑遍了。我家是他的联系户，儿子的脑子有点笨又贪玩，上了初中学习就跟不上了，本来想过完年就去县城打工算了。

“小李听到这个情况就急了，三天两头往我家跑。开始是劝我，千万不能让孩子去打工啊。我说不是我不让他上学喔，是他确实跟不上，我也没办法。后来，小李晚上常来辅导我儿子写作业，还给买几本辅导书。

“现在好了，我儿子的学习跟上了，也不再贪玩了，脑子好像也不那么笨了，考高中、考大学的心思都有了。他妈高兴地说，小李真是帮了大忙，能让我儿子好好上学，长大了有出息，这可比送给我家几头牛都值啊！”

小严把老乡在摩托车后座上说的话复述了一遍，党员们听得有滋有味，有感有悟，都用欣赏的眼光看着小李。小李不好意思地低着头，脸都红了，他从来没想到过，党课竟然把自己讲进去了。小严继续按着打好的腹稿讲，接着就转入了以事论理、夹叙夹议的阶段了，他讲道：

党员到联系户家走一走，和老乡拉拉家长里短，帮助孩子辅导辅导功课，这看似一件小事，但大家可要知道，扶贫是农村工作中的一件大事，也是党中央高度重视的一件大事。贫困家庭的孩子一定要接受义务教育，保障他们不辍学，能懂事理有知识，阻断贫困的代际传递，这是天大的事情，小李做得好啊！

党员的先锋模范作用怎么发挥？党的温暖怎样才能送到贫困户的心坎上？党的群众工作和扶贫工作怎么做更能见实效？小李的这

三个多月，晚上经常到老乡家的行为举动，交出了优秀的答卷，给出了重要的答案。

从小李为贫困户做的这件事中，我看出了自己存在的不足。虽然我也整天往贫困村跑，但忙的多是表面上的事情。走访啊，填表啊，开会啊，迎接检查啊，这些事情不能说不该干，可是我不如小李干得实在。

换句话说吧，在发挥党员先锋模范作用、做耐心细致的群众工作、落实扶贫任务方面，我的工作效果的确不如小李的效果好，有时我的活儿真的没干到管用的地方。

小严讲到这里，就停顿下来问：“大伙儿是不是有话要说啊？”党员们七嘴八舌打开了话匣子。有的党员说，移民搬迁户农忙时“两头跑”，十几里几十里山路回去种地成本太高了，老村子山上的耕地有些都撂荒了，得想办法扶持大户搞规模经营。还有的党员说，咱们支部的党课就该这么讲，听了受教育受启发。几位党员都说要向小李学习，把联系贫困户的工作做得更实在一些，不能简单地送钱送物，扶贫还是要扶智扶志。

小李谦虚地说：“我做得还很不够，以后我要和大家一起，把扶贫搬迁安置点上有辍学倾向的孩子组织起来，加强与学校的沟通联系，确保一个贫困家庭孩子都不辍学。”

话说回来，小严讲基层党课的这个“招”，也是老石教给他的。小严切身体会到，面向最基层的党员，在较小范围内讲党课，内容越实在越好，针对性越强越好。党课的话题和切口都要设计得小一点，不要指望一下子把道理都讲全了，最好讲身边的人和事，然后因势利导提炼出有关贯彻落实党的路线方针政策的道理来。

5. 领导干部以基层党组织书记身份讲党课

老石的党内职务发生过多次变化，但即便是在政府机关工作，他都会兼职做党务工作，以基层党组织书记身份讲党课。最近这几年，他多次担任专项工作组临时党支部书记，有的时候临时党支部从成立到解散，前后时间也就两个月左右，但老石都坚持讲一次党课，如果时间较长，还会多讲一次。他善于用讲党课的方式引导党员深刻领会中央精神，掌握思想武器，提高认识，规范行为，凝聚力量。

2019 年 9 月底，老石在临时党支部全体党员大会上，讲了关于斗争精神的党课：

同志们，今天晚上临时党支部四十三名党员开大会，传达了中央的有关精神，观看了警示教育片。上级党委要求，在集中驻点工作期间，临时党支部书记要讲一次党课。

近日，习近平总书记在中央党校中青班开班式上发表重要讲话，深刻阐明了发扬斗争精神、增强斗争本领的重大意义，从坚定斗争意志、把准斗争方向、明确斗争任务、掌握斗争规律、讲求斗争方法等方面，科学回答了新时代的干部发扬斗争精神、增强斗争本领的重大理论和实践问题。这一重要讲话，丰富和发展了马克思主义建党学说，是指引我们进行伟大斗争的重要遵循，是加强新时代干部队伍建设的重要指引。

在本次专项工作中，我们的斗争意识要更加坚定，斗争方向要更加准确，斗争任务要更明确，科学掌握斗争规律，认真讲究斗争方法。也就是说，要在斗争中把握好意志、方向、任务、规律、方法这五个关键点。

关于履行职责使命、敢于斗争和善于斗争的问题，我讲五点粗浅认识，与同志们交流。

第一点认识，自觉接受政治斗争的思想淬炼、政治历练和实践锻炼。

20 世纪 70 年代初，我就下乡当了农民，从知青到煤矿工人，从基层到机关，从北走到南，由南回到北，经历了二十多个工作岗位，如今是专项工作组的组长、临时党支部书记，我要守土有责、在岗尽责。

近五年来，在专项工作中，我经受了一场又一场高强度的思想淬炼，一场又一场高难度的政治历练，其他岗位无可替代，无可比拟。我深知自己的职责重要，使命光荣，在这种岗位上工作，最淬炼思想品德和理想信念，最历练政治素质和政治操守，最锻炼本领能力和视野境界。

当前的专项工作，特别考验人、识别人，也会大浪淘沙。是真心实意的忠诚干净担当？还是一心多用的忠诚干净担当？是真有本事，还是假有本事？是真有进步，还是跟着跑龙套？是真抓实干，还是在过程中折腾？大家会看得明白。

我有信心与同志们共同努力，淬炼高尚纯洁的思想意识，历练忠诚坚贞的政治品质，在工作实践中把自己锻炼得更加顽强果敢。

第二点认识，发扬斗争精神，增强斗争本领，把专项工作做到位、不缺位、不越位。

最近我一直思考，专项工作要发扬伟大斗争的精神，必须做到敢于斗争和善于斗争，坚持问题导向不动摇，坚决做到“两个维护”。我反复强调以问题为导向，反复拿问题清单说事，不是想要坚持个人的什么风格，而是要把专项工作方针落到实处。

以问题清单为抓手，深入了解和下沉调研，实际上是在专项工作中敢于斗争、善于斗争的有效手段。讲斗争，不是喊一喊、写一写的事情，而是要不断提高发现问题的能力，提高研判问题的水平。问题没盯准没盯实，分析判断没高度没深度，所谓的斗争就会变味，就会出现政治偏差。

问题导向不明确，斗争就容易空对空，专项工作就可能走过场。那么多材料不认真看，谈话反映的那么多重要问题没有进清单，还要靠什么去斗争呢？某种程度上，敢于斗争要解决到位不缺位的问题，善于斗争要解决到位不越位的问题，在这两个方面都要采取实打实的措施。

第三点认识，敢于斗争和善于斗争，方向要正确，立场要坚定，原则要坚守。

任何斗争都不能盲目，不是东一榔头西一棒子，要坚持正确的方向、立场和原则。习近平总书记强调斗争要做到有方向、有立场、有原则，“三个有”每个都不能缺。

方向出偏差的斗争，难免打乱仗；立场有问题的斗争，难免掺私货；原则有缺失的斗争，难免犯政治错误。全组党员的思想要特别清醒，政治立场要特别坚定，牢牢把握斗争大方向，做到“不畏浮云遮望眼”，“乱云飞渡仍从容”。

我们要增强“一叶易色而知天下秋”的政治敏感性和政治辨别力，对问题要有深入的了解核实和研判，不能听风就是雨，真正搞清楚问题实质是什么？症结和根源在哪里？

方向很重要。斗争不能搞偏了，不能搞歪了，也不能忽左忽右，不能乱点鸳鸯谱。斗争不是敲锣打鼓热闹一阵子走人，要牢牢把握正确的方向，组长和副组长把关定向的责任艰巨，包括我在内，要履职尽责。

立场很重要。我们要坚定地站在人民的立场上，站在坚决贯彻落实党的路线方针政策的立场上。立场站错了，就会发生一系列错误，切不可掉以轻心。

原则很重要。决不能搞无原则的斗争，决不能拿原则在斗争中做交易。拉拉扯扯不行，吹毛求疵也是背离斗争原则的一种表现。

第四点认识，坚持善于斗争的“三个统一”，注重斗争实效。

习近平总书记强调，斗争是一门艺术，要善于斗争；要坚持增强忧患意识和保持战略定力相统一，坚持战略判断和战术决断相统一，坚持斗争过程和斗争实效相统一。善于斗争的这“三个统一”有极强针对性。作为搞专项工作的党员干部，我们可能不缺乏斗争精神，但往往缺乏善于斗争的本领，我本人此类问题较为突出。

刚进组那几次专项工作，我的斗争劲头十足，嫉恶如仇，勇猛有余，但战略判断和战术决断能力不足，导致实效不理想。每次专项工作结束后，我都会反思反省，教训多于经验。我常想，若能重来一回，肯定会少些偏激和误判。但每次专项工作结束后，还是会留下一些遗憾。

的确，斗争要有理有利有节，合理选择斗争方式，把握斗争火候，原则问题寸步不让，策略问题灵活机动。对斗争形势及遇到的问题，作出精准的判断和决断。

斗争要有章法，注重策略方法，讲求斗争艺术，不能不择手段，只管过程不计后果。斗争要时刻绷紧时、度、效这三根弦。在斗争中加强团结，在斗争中谋求合作，形成综合实力，在斗争中实现推进改革、促进发展的共赢。

第五点认识，运用马克思主义的立场观点方法，增强政治责任感。

马克思主义的立场观点方法，是我们敢于斗争、善于斗争的思想根基。运用好这些立场观点方法，就要具体化为正确的工作措施和手段，不断增强贯彻专项工作方针的政治责任感和执行力。

情况越复杂，问题越敏感，任务越艰巨，我们越要历练胆魄，磨砺意志，增长才干。要勇于应对“风吹浪打”，敢于拿起“烫手山芋”，不怕当几回“热锅上的蚂蚁”。毛泽东诗词中有一名句：“人间正道是沧桑。”“人间正道”从来都要经过沧桑的洗礼，彩虹总是在风雨之后升起。

这些年来，我特别相信真理和信仰的力量，相信人民和组织的力量，同时也相信人品人格和真诚真本领的力量，相信团队成员间相互尊重理解和支持配合的力量。

最近几天，我们在北京长安街一侧的驻地，提前进入了伟大祖国 70 年华诞的大庆氛围。这是机缘，也是幸运。

清晨，我们迎来的是人民大会堂天际线上红旗飘舞中的东升旭日；夜晚，我们面对的是中南海夙夜在公的通明灯火。在如此环境中工作，谁还能存有私心杂念吗？完全不应该有，一点都不要有。

我们唯有站稳人民立场，唯有坚持实事求是，唯有保持政治定力，唯有忠诚干净担当，敢于斗争，善于斗争，才能不辜负党中央对我们的信任与重托，才能坚决而精准地履行好职责使命。

读者从上面的讲稿中可以看出，尽管是临时党支部的党课，老石也极其认真郑重，非常严肃严谨，主要内容的表达一丝不苟。其中，特别值得重视和提倡的做法是，老石自觉把学习贯彻习近平总书记的重要讲话精神，摆在了党课的首要位置，作为核心内容，讲得鞭辟入里。

他着眼于专项工作的职责使命，解读习近平总书记关于敢于斗争、善于斗争重要论述的精神实质，联系自己的经历和感悟，结合专项工作的特殊任务，站在“两个维护”的高度，阐述新的历史条件下进行伟大斗争的意义，着力压实临时党支部全体党员的政治责任。

6. 老石和小严讲基层党课的三个实招

我还想借此机会，集中介绍一下老石和小严讲党课三个共同的个性特点。如果再准确一点说，这也是小严从老石那里学来的讲好基层党课（讲其他类型的党课也是好用的）的三个实招。

（一）全身心投入，以家国情怀讲党课

党课较为传统的讲法，多的是会议报告式的，这种方式的党课仍然要继续讲下去，因为讲会议报告式党课也是党内教育所需要的。但它应当主要是由党员领导干部、专家来讲，基层党组织书记“照葫芦画瓢”，讲会议报告式的党课就不太合适了。

老石在讲党课的实践中注意不断加以调整改进，尤其是讲基层党课时，他会更加注重倾心倾情地表达自己的思想观点。老石全身心投入党课，将听众的思想感情一同“带入”党课，努力使自己讲的党课与听众的价值认同建立在同一感情基础上，思想共鸣发生在同一精神频道上。讲理论观点，讲实践经验，同时也讲感情，也有真情激情，以真挚的家国情怀讲党课，不是冷冰冰的，而是热乎乎的，暖人心的。他懂得，只有言由心出，有情有意，讲的党课才能使党员怦然心动。

以道理服人很重要，以情感服人也很重要，基层党组织书记讲党课，既要做到以道理服人，又要做到以情感服人。党课要想获得应有的价值认同和思想共鸣，首先准备党课时就要入脑走心动情，讲党课时便不会简单用嘴讲了，而是用心用情讲了。党课的语言要有感情色彩，饱含真情激情的党课才会感染听众激励党员。讲基层党课，口心要完全一致，情理要有机交融，勇于说出自己的心里话，流露出自己的真性情。

（二）接地气，有烟火气，不庸俗媚俗

讲接地气的党课，用普通党员听得懂、听得顺、听得有趣、听了还想听的语言讲党课，这是老石经常对小严的一个提醒。细心的读者能感受到，老石的党课讲稿是比较讲究辞章文采的，但他更注重语言的清新自然流畅，基本没有穿靴戴帽的话，没有过度修饰夸张的话。

给基层党员讲党课时，老石和小严尤为注意用简明朴素的语言，讲党的路线方针政策，讲中央精神和重大决策部署，讲上级党委的工作要求，把文件语言转换为基层语言、群众语言、口头语言，真话实说，节奏明快，有一说一，有二说二，较少用长句子，也较少引经据典。他们两人都形成了特有的表达逻辑和语言风格，比较善于以听众的语言习惯讲党课，把知识和理论讲到“拿得起放得下”的程度，把情况和事例讲得可感可信活灵活现，使党员们听了耳目为之一新，精神为之一振。

老石的一个本事，就是能把党课讲出有袅袅升腾的烟火气，但又不会让人感到俗气。比如，在第四讲中，他讲红包问题的党课，就有这么一段话：“红包是毒品，具有诱惑力；红包是地雷，很有杀伤力。你别看他给你送红包的时候，理由说得多充分，其实那红包就是个地雷。他送红包是有账的，谁收了多少？什么时候收的？通过什么形式收的？都有账可查。”和老百姓拉家常，和基层干部谈天说地，走到一个地方，在较短时间里，就基本能听懂本地常用的一些特色语言，愉快地汲取群众和基层干部的语言营养，使讲的基层党课不但正能量充足，而且能够赏心悦目。

地气来源于“实”，烟火气来源于“真”，绝不是庸俗浮浅。基层党组织书记讲党课，要使基层党员能听得进去，听了有收获，讲得好听好懂是应该的，但不能讲得过于浮浅。另外，如果净是讲那些人人都知道的情况和事例，讲那些人人都明白的一般化道理，也是不受党员们待见的。因为这样讲，就有点站位不高档次不够了，也是庸常的惰气俗气。

把党课讲浮浅了不好，讲庸俗了不好，讲平庸了不好，讲媚俗了更不好，内容和语言的分寸都要准确把握。讲党课的“入浅”线路，是为了“出深”的意境，可以把问题和事例讲通俗一些、有趣一些，但不能讲到庸俗媚俗的地步。

（三）讲课听课，平起平坐，扁平化布局

讲“大党课”也好，讲“小党课”也好，老石都非常诚恳地尊重听众，谦虚谨慎地把握讲者与听者的平等关系。小严讲党课，把老石“平起平坐”的讲课理念体现得非常到位，务实低调，不骄不躁，不说过头话，从内容到语言语气，尺度和分寸都拿捏得挺好。

上面说到了小严讲小李先进事迹的党课，一开始他就把自己的姿态放得较低：“大伙儿辛苦一天了，我今晚的党课讲得不会长。讲得不好不对的地方，谁都可以把我‘叫停’了。”在党课结束前，他坦诚地说：“从小李为贫困户做的这件事中，我看出了自己存在的不足。虽然我也整天往贫困村跑，但忙的多是表面上的事情。走访啊，填表啊，开会啊，迎接检查啊，这些事情不能说不该干，可是我不如小李干得实在。”

以这样的姿态讲党课，从这样的角度找不足，反倒是让支部的同志们看出了他的思想境界和对自己的高标准严要求。事实上，姿态放得低一些，讲课显得谦虚一些，适当做一些自我批评，并未影响小严讲党课的效果。通过这种姿态和“调门”都比较低的党课，他在党员们心目中的威信更高了，大家对他更信任更敬重了。

还有，在基层讲党课不能搞所谓的“层级化管理”，而是要坚持扁平化布局，大家都应当在一个平台上讲党课听党课，没有职务高低、层级高低之分。基层党组织书记讲党课，不需要主席台，也没有台上台下的区分，大家在一起是平起平坐的。

这还只是场面上的扁平化，在内容形式和讲法上，更是需要体现实质性的扁平化——内容形式布局的一体扁平化，讲法上交心谈心的扁平化。正如前面小严的做法和体会，那就是尽可能多讲身边人和身边事，少讲那些难理解更难落地的抽象道理。他讲的老乡，就坐在自己摩托车的后座上；他讲的小李，就和自己坐在一条板凳上。党课里讲的每个人物都是真实的，有的人物就在党课现场面对面坐着呢。小严讲的扶贫工作，在县里、乡里、村里天天都不停地干着，脱贫致富奔小康在党员干部中人人都耳熟能详。这无疑就是讲课内容无障碍的扁平化。

讲法上的扁平化也不难理解。小严那天晚上讲的党课，除了二十多个字的真诚谦虚的开场白，一上来就平铺直叙了老乡搭摩托车的事，接着就顺带出来了老乡对小李的看法和评价。没有刻意的设计安排，讲到差不多的程度，感觉火候到了，小严不过是随意地讲一句："大伙儿是不是有话要说啊？"同志们就主动积极开始了热烈的讨论，你一句我一句互动起来，讲课与讨论成了直通车，都不用主讲人再费心引导了。

小严的这种讲法非常平实（扁平），没有概念定义，没有高谈阔论，讲了一件刚刚发生的事情，褒扬了一个新来的年轻党员，却也能引出一些与扶贫工作直接相关的道理。这种扁平化的党内教育、自主教育、启发教育，不但基层党员乐于接受，而且更能吸引他们主动参与进来，讲党课与听党课能够实现零距离互动交流。

讲好一次党课并不难，难的是长期坚持下去，既要形成自己的风格，但又不能总是讲"老三篇"，老调重弹没意思，党课的内容和形式应当不断创新。基层党组织书记讲党课，要善于在工作和生活中挖掘鲜活素材，在坚持问题导向的同时，最大限度地传递和放大正能量，对党内以及社会上的一些消极现象，不能简单地论对错、论是非，而是要回应党员的思想困惑和亟须解答的难题，在党课中给大家信心和力量。

当然，讲好党课，首先要明确党课的定位和面对的群体，这一点不清晰，其他都无从谈起，也就没有针对性和实效性。基层党课创新的空间很大，各地各单位党组织创造了不少新做法新经验，内容更加富有深意和新意了，形式更加灵活多样生动活泼富有吸引力了，讲法上推陈出新更加注重质量和实效了。说教式填鸭式的封闭党课少了，启发互动式的开放党课多了，有些党课由室内转移到了室外，参观学习、现场考察与党课教育结合，以互联网思维设计组织党课，开发利用新媒体，把各种新型党课讲得如鱼得水、更受欢迎了。

第七讲

领导干部如何讲党课

如前所述，在有关党课的制度建设中，党员领导干部讲党课是一项重要规定。不仅如此，领导干部带头讲党课，经常讲党课，历来是我们党的优良传统和作风，也是提高党内教育水平的成功经验。老一辈无产阶级革命家毛泽东、周恩来、刘少奇、朱德，都以身作则讲党课，率先垂范树起了讲好党课的标杆。特别是在延安时期，他们把党课讲得炉火纯青，风生水起，精彩至极，从一个历史侧面展现了领袖们带头讲党课的大家风范。

近年来开展的党的群众路线教育实践活动、“三严三实”专题教育、“两学一做”学习教育、“不忘初心、牢记使命”主题教育，都明确把党员领导干部讲党课作为搞好教育的措施之一。这是党内教育的“规定动作”，也是党课制度要求的进一步具体化。各级领导干部都要主动自觉落实这些规定要求，认真备好课讲好课。

1.“官样党课”要不得

首先，我不得不指出的问题是，那些职务高不成低不就的个别领导干部，开会讲话的积极性比较高，讲党课的积极性却不怎么高，能拖便拖，能推则推，只当和尚不撞钟。即使是在反复催促的情况下讲了一次半次，其讲法和效果也实在让人不敢恭维。他们讲党课的口气，还是颐指气使那套虚架势，空话套话连篇，官腔官调此起彼伏，一听就是在那里发号施令，讲的是“官样党课”。

党员们听了这种党课，觉得和往常领导讲话没有多少不同，讲的内容基本都一样，无非是对常规工作的“拔高认识”，或者是部署当前一些重点工作的“拔高要求”。这种党课缺少党内教育应有的价值，党课教育要素残缺不全，属于“四不像”的党课，已经到了应该“替换下场休息”的时候了。

小严曾向我描述过一堂党课的尴尬场景：

时间：× 年 × 月 × 日上午 9 点。事由：×× 领导给机关党员干部讲党课。地点：× 单位二楼大会议室。主持人：××。讲课人：×××。参加人员：×× 系统 200 多名党员干部。

9 点过了五六分钟，两位领导迈着四方步走上主席台，谁也没有看谁，各自坐了下来。一位是主持人 ××，一位是讲课人 ××。

主持人：今天……怎么回事？后排的那几个人，来晚了还不抓紧坐好？不像话！

下面，让我们以热烈掌声，欢迎 ×× 讲重要党课。

稀稀拉拉的掌声响起，一点也不热烈。×× 稳稳坐在大靠背沙发椅上，没有起身致意，清了清嗓子开讲了。

讲课人：同志们，按照市委统一安排，我给大家讲一堂专题党课，题目是“加强 ×× 系统干部队伍建设”。我重点讲五个大问题。

第一个大问题，新形势下必须加强 ×× 系统干部队伍建设。

（重要意义一共讲了四条）……

第二个大问题，加强 ×× 系统干部队伍建设的总体要求。

（总体要求讲了五条）……

第三个大问题，加强 ×× 系统干部队伍建设的主要措施。

（主要措施讲了七条）……

第四个大问题，各机关单位都要加强职能处室干部队伍建设。

（对其他机关单位的要求又讲了六条）……

第五个大问题，加强 ×× 系统干部队伍建设的考核办法。

（这个问题讲得详细，每一项评比得分都讲到了）……

讲课过程中，讲课人从头到尾低头念稿子，偶尔喝一口专用杯子里的茶水，润润有些沙哑的嗓子。听得出来，讲稿不但是别人写的，而且好像讲课人讲之前也没有看过，念得不太顺当。

从讲课人讲第一个问题起，主席台下面的干部就开始交头接耳，窃窃私语了。讲课人讲的时间越长，会场秩序越乱套。

一位听众悄悄对左边邻座的人说：

“我说，这是讲党课吗？听他讲的内容，明明是在作‘重要讲话’嘛。”

右边邻座的一位听众“嘘”了一声，接上了话茬：

“看来你平时对文件学习不够，咱们的讲课人明明是在念前几天发的文件呢。”

座位前面一位党员扭过头来说：

“你们不要乱议论，讲课人肯定没有错，是不是拿错稿子了？把文件当成了党课讲稿。也不对，文件不会这么长啊，念了两个小时还没念完，可能是‘加长版’的文件吧？”

小严描述完这堂党课的场景后，借题发挥又谈了个人的感慨。他说，这一类领导干部，在前些年可是不算陌生。他们不会老老实实讲党课，更不会自己动脑动手准备党课讲稿了。有些机关的写作班子，也只会写领导的讲话稿，只知道照搬照抄文件，不懂得党课的讲稿怎么写。一些领导干部不会讲党课，加上写作班子不会写党课讲稿，两个“不会”碰到了一起，势必造成党课的尴尬场面及不良影响。

2. 调查研究先行，实化深化主题

走上领导岗位后的三十多年间，老石讲过六七十次党课，积累了一些朴实经验，也有不少切身的体会。他的经验看似比较个性化，但也能反映出上党课的一般规律，带有一定的普遍性和可借鉴性。老石自己非常看重的一条经验，就是加强多种形式的调查研究，不断实化和深化党课的主题。

“台上一分钟，台下十年功。”这里说的十年功，可不是指练嘴皮子的十年功，而是指坚持不懈调查研究的十年功。老石深知，没有经过认真调查研究的党课，提出的问题就可能“牛头不对马嘴”，讲出的思想观点便会虚飘飘，列举的事例肯定缺少典型意义，语言枯燥乏味难以避免，接不上地气也是必然的了。

每次接到讲党课的任务，老石便会在第一时间带着本次党课的主题展开调查研究，包括案头调研、网络调研和有关资料搜集，特别注意扎实做好谈话调研、座谈调研、下基层调研和随机调研。中午在食堂吃饭，老石也会经常变动座位，尽可能多与党员同志沟通交流，听一听他们对讲党课的看法和建议，了解大家的所想所思所求。

讲课前，老石还要一竿子插到基层，弄清楚在基层工作的党员同志对当前讲党课的内容有哪些需求和企盼，获取第一手情况和素材。他还会随时征求身边工作人员的意见，找准党课的切入点和着力点。

调查研究先行的好处很多，不经意间就会有令人喜悦的收获。能够汲取大量的党课营养，看到听到的事例都是原生态的，真实可信具有典型性，非常有助于把党课讲得“色香味俱全”。可以掌握党员的思想动态，进而对党员队伍状况作出分析判断，对如何实化深化党课的主题，心里大体有了数。

当然，调查研究不能仅靠临阵磨枪，讲党课之前那几天的调研远远不够，更多的还是要靠在平时工作中进行各种经常性的务实调研。老石搞调查研究，一般是随机性和常态化的——调研意识时时有，调研任务随身带，调研手段综合用，随时随地搞调研，“搂草打兔子”，一举多得。除非重大的专题调研外，其他调研多是以“短平快”的方式进行。

在地方工作时，加强基层党建和干部培养选拔，均列入老石调研的中长期项目，无论走到哪里都会想着这两方面的调研任务。调研过程中，他比较注意把督促检查指导工作、研究深层次问题、推动重点事项落实三件事一并抓在手上，自己戏称为调研的“三驾马车”。他乐于和群众打成一片，善于摸实情寻真相，虚心听取基层干部群众的看法和想法。老石调查研究的成果，都能即时反映在党课内容中，这就使党课主题更实更有深度了，讲到的情况和事例更典型了，提炼的思想观点也更有深刻含义和指导价值了。

3. 亲自动脑动手，决不当传声筒

要想讲好党课，不但要动嘴，更要动脑动手，付出足够的时间和精力，作认真细致的相关准备。这是确保党课讲得成功的基本条件，没有其他捷径可走。高质量的党课，无一不是讲课人亲自准备的，而且还应该是自己的切身体会和感悟。

领导干部讲党课，假如没有自己直接获得的认知，没有真话实话心里话，那还不如索性不讲了。如果抱着对付应付的态度，甘当写作班子的“二传手”，哼哼哈哈当“甩手掌柜”，就根本讲不好党课。

一些领导干部，甚至不如基层党组织书记认真负责，对讲党课重视不够，备课的态度不认真，讲课水平相当低。对此，老石是非常看不惯的。他对某些领导干部备课讲课的要求，表面看似标准并不高，但话里话外包含着尖锐的批评。一次他在谈领导干部如何备课讲课问题时，连续用了三个问号：

你如果不能自己写党课讲稿，起码要自己准备讲课提纲吧？

你可能不必像毛泽东那样三天四夜废寝忘食，但至少也得拿出一两个半天熟悉党课讲稿吧？

写作班子把讲稿写得再好，你总不能当讲党课的播音员吧？

请读者想一想，老石的这三个问号，是否可以作为领导干部备课讲课应该坚守的“最低底线”呢？我觉得这三个问号完全应该作为不能再退缩的三条底线了——讲课提纲一定要亲自起草，讲稿一定要熟悉熟悉再熟悉，绝对不能当拿来讲稿就念的党课播音员。

关于准备党课讲稿，老石和小严属于两种不同性质和目的，老石有老石的乐趣，小严有小严的苦衷，让我分别来说一说。

先说老石，他是准备自己的讲稿，用自己的“刀”削自己的“把”，从有关资料搜集整理，到深入基层调查研究，再到起草讲稿，从中拎出讲课提纲，都是要事必躬亲的。在此类问题上，老石确实自己的事情一定要自己做，宁可忙一点累一点，也不想让别人捉刀代笔。这是他多年养成的习惯。但他并不主观自负，不会固执己见，还是挺注意听取各方面对讲党课的建议的。准备自己的讲稿，老石特别追求内容与形式的有机融合，在改进完善党课讲法上，有时会表现出某种完美主义倾向，一字一句推敲打磨，不到党课开讲不算完。

再说小严，除了给自己准备党课讲稿，还要时常替领导准备党课讲稿（近年由于职级提升，他为自己准备党课讲稿的机会越来越多了）。为领导准备党课讲稿，那是用自己的“刀”削别人的“把”，小严有时为此疲惫不堪，说是焦头烂额也不为过。某些时候，不知道领导到底想讲什么，自己这把“刀”虽然很锋利，但领导的“把”要怎么削？还是有“蒙圈”的感觉。就像在黑灯瞎火中舞文弄墨，功夫确实下了不少，但不一定能“舞弄”到正地方，个中的辛苦和无奈又不便对外人讲。

虽说领导干部讲党课最好自己准备讲稿，但工作人员帮助领导准备讲稿，至今仍然不是个别现象。所以，小严的“写手”作用还得继续发挥，承担这种艰巨任务的读者也得继续努力，还是要千方百计替领导把党课讲稿撰写好。

小严给领导准备党课讲稿，先听领导的意图和要求，然后据此起草一份较为细致的提纲，送给领导审示。如果领导同意了这份提纲，小严就开始起早贪黑地起草讲稿了，从观点到事例，他都会认真提炼和取舍，比准备自己的讲稿还上心用劲。

有的时候，小严会制作一个简单的以文字为主的PPT，领导讲党课时主要是看讲稿，PPT由小严通过电脑打到大屏幕上给听课的党员们看。领导讲小严准备的党课，基本上是照着讲稿比较谨慎地讲，有的地方简单发挥一下自己的意见，或者在讲稿之外插进一两个事例。领导的这种党课讲稿是完整的严谨的，可以在讲之前印发下去，也可以在讲完之后再印发，它的好处是使没有听课的其他党员也能受到党课教育。

4. 理论契合实际，事例支撑观点

领导干部讲党课，一定要以马克思列宁主义、毛泽东思想、邓小平理论、“三个代表”重要思想、科学发展观、习近平新时代中国特色社会主义思想为指导，信仰真理，追求真理，忠于真理，使党课充满真理的力量，体现出高度的理论自信和政治自觉。

要想讲好党课，领导干部必须加强政治理论学习，要比普通党员先学一步，多学一些，深学一层。深入学习马克思主义博大精深的理论体系，掌握基本立场观点和方法。认真学习习近平新时代中国特色社会主义思想，切实做到真学真信真懂真用，在实践党的创新理论方面当模范作表率。准备党课的过程中，更要把有关理论进一步学懂悟透，不能满足于一知半解。

领导干部要善于运用理论思维提炼思想观点，透过表面现象，洞察问题本质，讲清其中的道理。学会把深奥的道理讲通俗，善于把深刻的哲理讲生动的本事，多讲自己在学习和实践中获得的真知灼见，避免那种云山雾罩、装点门面的大话空话。大道理要“掰开”讲，小道理要“串起来”讲，驳斥歪理邪说要斩钉截铁讲，表现出应有的理论坚定性。想方设法将理论化繁为简，变难为易，使党课具有理论的穿透力和溢出力。学理论要管用，讲理论更要管用，不能讲那些与实际工作没有直接关系的“纯理论”，而是要着重讲那些能够武装头脑、指导工作的前沿理论和“鲜活理论”。

领导干部讲党课，思想性和理论性当然要有，但更重要的是必须紧密联系实际，讲的内容要有更强的针对性和指导性。并且，还要明确党员应该做什么，不应该做什么，应该怎样做，适当提出一些切实可行的工作要求。但是，又不能搞成领导讲话、作指示的那种讲法，要防止把上党课变成工作部署会。

一堂受党员们欢迎的党课，体现的是领导干部的理论功底和实践能力，反映的是理论与实践结合的紧密度。如果平时注重理论思考和研究，熟悉有关情况和业务，讲起党课来就会在理论与实践之间游刃有余。所以，领导干部讲党课，平时就要着力夯实理论功底，把管用的理论与工作的实际紧密结合起来，到讲课的时候使出浑身解数往紧要处讲。

一次老石讲党课，便是从马克思的一句名言讲起，然后摆出一系列问题加以论证，典型事例与鲜明观点牢牢地对接上了。他的讲稿是这样入题的：

“问题是时代的口号”，这是马克思100多年前写下的一句话，其深厚的理论价值不可低估，如今仍不失重要的现实意义。马克思主义的问题观，就是敢于面对问题，善于发现分析问题，坚持强烈的问题导向，以不断解决问题为手段，来推动社会的发展进步。

问题与时代密切相关，我们要想跟上时代的步伐，一个大前提就是主动自觉发现问题。对问题视而不见，绕着问题走，遇到矛盾先把自己“摘开”，就不是真正的马克思主义者。

现实中，有的党员干部热衷于做什么事情都“没问题”，有的党员干部习惯于纠缠似是而非的“伪问题”。这两种错误的问题观有害无益，可能会导致我们的思想和行为出现偏差。

没问题，就是把自己抓的工作，说成什么问题都不存在，自己身上都是优点，各项工作都是成绩，即便是在民主生活会上，也不会谈到自己存在的不足。这种没问题的态度，违背了马克思主义基本原理，不符合事实真相和事物发展规律。持这种态度的同志，至少是不懂得辩证法。

伪问题，这种错误的问题观比较复杂，需要多分析几句。个别同志对积重难返的问题感觉良好，对解决这些问题的新措施却相当敏感。凡是改变陈规旧律的做法，都成了他们眼中容不下的“沙子”问题。

我们下乡住村联系群众，帮助老百姓排忧解难，本来是改变作风的有效措施，但有人却大惊小怪："千万不能去住村啊，住村可是扰民啊，老百姓很反感啊。"这不就是那些不想下乡住村的人喊出的伪问题吗？

的确，有极少数领导干部下乡住村是为了秀存在感，劳民扰民，搞特殊化，饭菜和被褥都是从县宾馆运过去的，老百姓肯定不高兴。但绝大多数机关干部下乡住村，都是去深入调查研究，为群众办实事好事的，非常有利于密切干群关系。如果把个别现象当成普遍问题，那么派生出来的就是伪问题。

关于解决问题，我觉得关键是要找准突破口，尤其要有胆量有智慧打破潜规则。一些问题之所以长期存在，得不到及时有效的解决，就是因为有潜规则作祟，谁都不愿意去触碰它。

以领导班子建设为例，我们就是要认真解决执行民主集中制不认真、不严肃的问题。有的单位搞"一把手文化"，重大事项上会研究不过是走走程序，选人用人和"三重一大"都是"一把手"说了算。这种干法是民主集中制不允许的，而且是违背党章和宪法的。大事小事都是"一把手"说一不二，实质上就是一个潜规则，必须通过严格执行民主集中制来打破它。

大家要深刻认识到：（1）民主集中制是马克思主义建党学说的主要内容；（2）民主集中制是无产阶级政党区别于资产阶级政党的根本标志之一；（3）民主集中制原则写入了我党的章程；（4）民主集中制写入了我国宪法。有了这四点认识，"一把手文化"还会有立足之地吗？违反民主集中制的潜规则还会管用吗？

我还要强调的是，问题大体上是一个中性的概念，有好问题、真问题，也有坏问题、伪问题。区分问题的性质，把握问题的变化，推进问题的解决，应该是抓工作的常态。有问题不是坏事，正由于有了层出不穷的问题，我们才知道在哪里有薄弱处，工作需要从哪里着手改进，本领能力应该从哪方面去提高，才能促使我们开辟未来，不断前进，永不止步。

读者从上述内容能够体会到，理论与实际、事例与观点，在老石的党课中不是生搬硬套的，而是水乳交融的。他讲马克思主义理论，都是为了指导实际工作，为党员干部提供有力的思想武器。党课入题的这一段，老石首先引用了马克思的话，根据原文原意把问题与时代放在一起阐述，概括了马克思主义问题观的要点。

有了这个时代起点和逻辑起点，老石理论联系实际的视野就开阔多了。他接着严肃剖析和批评了"没问题""伪问题"两种错误的问题观，提醒党员干部不要追求和满足"没问题"的麻木不仁，要避免被"伪问题"引入歧途。他还具体讲到了对下乡住村的不同看法，党课对此提倡什么、反对什么就旗帜鲜明了。

老石针对实际工作中存在的问题，讲授马克思主义关于问题的重要论断，大家一听就会很明白，有利于统一思想形成共识，消除错误问题观的影响或误导，增强干部联系群众、服务群众的自觉性。

5. 结构紧凑，层次清晰，条理化

领导干部讲党课，要注意结构框架不能拉得过大，不能拖沓松散，层次也不能过多，"一、二、三""（一）（二）（三）""1. 2. 3""（1）（2）（3）"……，大大小小的一二三成群结队，会把听众讲糊涂了，自己讲起来也会觉得别别扭扭。

老石有一次讲担当的专题党课，比较好地把握了结构、层次、条理的简约和表述的简洁，党员干部听得懂记得住，留下了较深的印象：

关于担当，我要讲三句话。

第一句话，敢不敢担当，靠的是忠诚和干净。

刚才我讲到了担当和忠诚的关系。是不是这样，大家可能都有体会。人要是不忠诚的话，他还敢担当吗？那他就不是敢不敢担当的问题，而是根本就不想去担当的问题。他对党对人民缺少忠诚，就不会去担当。

另外，有的人不干净，所以他不敢担当。身上不干净、有是非的人，能敢担当什么呢？他做任何工作都不敢得罪人，怕有人举报他。担当与干净及忠诚的这种关系，稍稍注意观察就能看清楚。

第二句话，能不能担当，要看思想品质和精神境界。

刚才我讲到福建省东山县县委书记谷文昌，他指天发誓“不治服风沙，就让风沙把我埋掉”的担当，恰恰是因为他的思想品质和精神境界达到了一定高度，才能做出让我们非常崇敬的那样一种担当。

在一个班子里，遇到难题，遇到责任担当，能不能挺身而出，遇到急难险重的任务了，能不能深入到一线，把吃劲的责任担在自己肩上，主要靠的不是你的态度、阅历和经验，更多的是要靠你的思想品质和精神境界。

第三句话，善不善担当，凭的是大智慧和真本事。

我不主张遇到什么事情都去担当，莫名其妙把不明就里的责任揽到自己身上。有没有那个本事？有没有那个智慧？这也是担当之前要考虑清楚的问题。有的干部不是不敢担当，他是没有能力、没有水平去担当。个别干部甚至不知道哪些责任应该由他来担当。

做到大智慧和真本事的担当，需要我们在工作中加强学习，在实践中加强锻炼，这两点都是善于担当的前提。

必须指出的问题是，有的干部遇到大事、难事、有责任的事，该出面的不出面，该担责任的不负责。忠诚度、责任心和担当能力“三无”，不愿不敢不善担当。涉及配合协调的事情，多是推脱、躲避、扯皮，分散了担当的合力，给事业造成了损失。

领导干部在担当这个问题上，要自觉做到“三替”：

一是替组织担当。我们是组织的人，干的是组织上安排的工作，所以必须替组织担当。这是最重要的担当，不能拈轻怕重，挑三拣四，一定要把应该担当的责任担起来，不辜负组织的信任和重托。

二是替群众担当。群众做不了的事情，群众希望做的事情，就需要领导干部替群众去做，去实现他们的愿望。这也是党的全心全意为人民服务根本宗旨所要求的。我们去农村搞脱贫攻坚，就是要帮助贫困老百姓担当做事，把坚决打赢脱贫攻坚战的责任担当起来。

三是替下属（同事）担当。工作中出现问题，领导干部还应该主动替下属（同事）担当。切不可成绩都是自己的，问题和责任都是别人的，这种干法的领导干部没有人愿意和他一起工作。对下属工作严格要求和敢于替下属担当是不矛盾的，批评不讲情面讲原则，担当就是要讲对党和人民事业负责。

我们从老石讲担当党课的这一部分中，可以归纳出三个特点。（1）结构是紧凑的。两个部分的大结构，“三句话”的中结构，“三替”的小结构，简约得不能再简约了。（2）层次是清晰的。“每句话”下面也就是两三个层次，最多也不超过四个层次，讲起来听起来不会感觉头绪多。该切换内容时马上切换，转折的过渡简洁干净。（3）内容是条理化的。采用“敢不敢”“能不能”“善不善”的排比用语，使内容表述得条理更加清晰，谈观点和作判断不发散零落，说的情况都有助于把观点和判断有条有理地推导出来。

6. 备课三步走，步步为营

备课不是简单地熟悉讲稿，应付性地准备几个能展开讲的典型事例，而是从认真起草讲稿开始，就一步一个脚印把备课各环节的工作做妥当，每一步都为下一步打下坚实的基础，后一步都是前一步成果的精炼和“再上新台阶”。具体做法是，把备课工作分成三步来走：起草讲稿→提炼讲课提纲→制作 PPT 课件，步步紧跟，步步为营，步步深化和提升。

（一）认真起草党课讲稿是第一步

起草好讲稿，是备好课的基础工程，主要在五个方面下功夫。

（1）紧扣鲜明的主题旨意。与写散文等其他文学创作不同，党课讲稿的主题旨意走在前面。起草讲稿要始终围绕党课的主题旨意，不管写到那里，都时刻不忘本次党课从哪里出发，要到哪里去。随时用主题旨意审视草稿，与主题旨意无关的话，再精彩也一句都不往讲稿上写。写出草稿后，应当及时“回头看”，严防跑题偏题的现象发生。

（2）有关情况一定要搞实搞准。起草讲稿前就把搜集到的资料材料仔细分类分项，逐类逐项进行严格筛选甄别。讲稿使用的素材尽可能是第一手获得的，来龙去脉非常清楚。讲稿中引用的数据，更是要一个一个认真核实，并且还要作综合分析，以辨别真伪虚实。

（3）反复概括提炼思想观点。思想观点既是讲稿的五脏六腑，也是讲稿的四梁八柱，一点都不能有纰漏和谬误。要特别注重对主要思想观点进行字斟句酌，确保严谨周延，在此基础上提炼大小标题——用精确而鲜明的大小标题统领思想观点和事例。对于思想观点可不铺展开去阐述，而是用典型事例证实思想观点的正确性。

（4）选择支撑力强的事例。事例对于讲稿来说，好像是它的筋骨血肉，高质量的讲稿绝对不会缺筋少骨，不会血脉不畅，不会肌肉萎缩。思想观点要精雕细刻，事例要精挑细选，不能随便拿过一个事例就往讲稿里“按”，而是要采用最能说明问题、对思想观点最有支撑力的典型事例。事例的表述要详略得当，不可拖泥带水。

（5）力戒官样化。领导干部的党课讲稿，常见一大误区便是官样化。预防这个问题，没有什么技巧，也没有什么秘诀，就是要领导自己动笔写讲稿，写个人学习和调研的切身体会，坚持用自己的思想和语言写讲稿，这样就能避免犯讲稿官样化的通病。

（二）在完整讲稿的基础上提炼概括讲课提纲是第二步

这里的提纲指的不是写作提纲，而是具有另外功能的提纲，即从党课讲稿中提炼出来的讲课提纲，不是“拟提纲”，而是“拎提纲”。这个“拎”也不是摘要讲稿中现成的文字，而是要再进行一次深度的提炼概括。

具体来说，拎提纲是拿着一份写成的讲稿，边备课边提炼边概括讲课提纲，目的是使讲稿主要内容之间的逻辑关系更科学，结构及条理更有层次，重点和亮点更突出。讲课的提纲提炼概括好了，顺顺当当拎出来了，讲课时就能有效解决离不开讲稿，只能念讲稿的问题。

提炼概括讲课提纲的过程，是进一步修改充实讲稿的过程，又是对党课主题旨意再聚焦、再强化的过程。两项工作可一并进行，提炼概括讲课提纲是“正操作”，进一步修改讲稿是“逆操作”。这个阶段的工作，对于整体提升讲稿和讲课质量的效果最为显著。

（三）对讲稿和讲课提纲进行模式转换，精心制作PPT课件是第三步

要非常重视党课形态的模式转换，着力点是在讲稿及讲课提纲的精华中做一次再加工再萃取。这种转换虽然与讲稿有一定的关系，与讲课提纲有较大的关系，但比讲稿和讲课提纲都更加系统化和形象化，此前的那些文字就变成了一页一页内涵更深刻、外在表现更丰富的PPT课件。

PPT应不是以“字”见长，而是要以“图”见长，转换到课件上的文字坚持少而精原则，字字句句都致力于体现对党课内容的统领力。每页或用标题句，或用主旨句，或提出某一思想主张，作出某一重要判断，寥寥数语直达党课的要点要义。图片（图表、漫画、动画、视频）反映党课的主要内容，又必须是为党课的思想观点和判断服务的。这些PPT表现形式要有思想有观点有判断，当然还要有视觉听觉的冲击力，看了听了就会受到触动被感动。使用的数据图表更注重说服力，能够准确表现问题和事物的量化程度。

制作PPT要着力让文字活起来，让图片（图表、漫画、动画、视频）会表达讲课人想要说的话。在必要的地方，插入一段精彩视频，不但有影像情景，还有音响效果。充分利用党课各种资源，加上平时留心搜集积累，制作PPT的每一个片段，都力争能吸引听众乐意听乐意看，引起他们的兴趣、联想和思考。

PPT制作好了以后，还要一页一页地“过”，心里默默地把讲稿和讲课提纲的内容与PPT融为一体，实现从文字和图片到口头语言的再次模式转换。

7. 精彩开局，踢好头三脚

一年之计在于春，一课之计在于开头的三五分钟，讲党课一定要有踢好头三脚的意识，一开讲就得非同凡响才行。如果讲了十分八分钟，讲课人还没有进入状态，听众还没有兴奋起来，后面的效果就堪忧了。我要说的是，讲党课的开场白非常重要，它是头三脚的第一脚，踢好了开局的第一脚，接着的第二脚、第三脚也就好踢了——精彩开局，尽快拉近与听众的距离，尽快切入主题，牢牢抓住听众。

抗战时期，毛泽东经常在延安的一些院校讲课。某天下午，毛泽东等领导同志走进教室时，大家站起来热烈鼓掌。毛泽东微笑着摆了摆手，让学员们坐下来。他先介绍了跟随他来的几位领导同志，接着风趣地说："我今天帮你们请来几位教员，有洋的，也有土的，我就是土的一个。"当介绍到徐特立时，毛泽东说："他不仅是你们的老师，也是我的老师。"这个别具一格的开场白，不但活跃了课堂气氛，还巧妙地显示了自己的谦虚，表达了对徐特立等老同志的敬重。

在讲党课的实践中，老石特别注重学习毛泽东思考问题和表述思想观点的方法，对毛泽东讲课的讲法也是非常用心学习效仿的。2015 年 10 月，老石讲了一堂反对形式主义、官僚主义的党课，他的开场白是这样说的：

同志们好！我今天讲党课的题目是："反对形式主义、官僚主义要从我做起"。

大家可能觉得奇怪，台上怎么没有主持人啊？我是这么想的，我在省里工作多年了，你们对我都熟悉了，开场就没必要有人专门介绍了吧？

没有主持人就不用开始时说一堆客套话，也不用在讲完后再表扬我一番。这样能够节省同志们的宝贵时间，大家回去好抓紧继续工作。

大家可能还会问，你为什么要站着讲呢？这样好像不符合惯例，你也会挺累的呀。我想，自己站着讲是表示对同志们的尊重，而且站着讲时间就不会太长。

反对形式主义、官僚主义，我先在讲党课的形式上作一点改进，或许会得到同志们的支持吧。

老石的话音没落，会场上就响起了掌声和笑声。这种出人意料改进会风的务实做法，不失幽默的开场白，与党课的内容也是吻合的，一下子就拉近了与听众的距离。老石用了这一招，不仅仅是为听众着想，同时也是要自然顺畅地切入党课的主题，以不设主持人和站着讲课的具体行为，实实在在从我做起，反对形式主义、官僚主义。

开场白是讲好党课的第一脚，接着老石的第二脚和第三脚是这样踢出去的：

不知道同志们注意了没有，形式主义、官僚主义听起来比较抽象，其实这两个坏家伙的表现非常具体。形式主义的一大本事是，把简单问题搞得复杂化，纯属劳民伤财瞎折腾。官僚主义的一大本事是，把复杂问题弄得简单化，纯属偷懒耍滑不作为乱作为。文山会海问题，花拳绣腿问题，层层推责问责泛化等问题，都是这么鼓捣出来的。

我以前就强调过，官僚主义和形式主义是“母与子的关系”，是“病根与病症的关系”。下面那些形式主义的做法，是上面的官僚主义逼出来的；上面有官僚主义，下面必然有形式主义。母生子，病症在下面，病根在上面。

大家都是省直机关干部，不要一说反对形式主义、官僚主义，就“眼睛向下”“矛头直指基层”，责怪市县和基层干部工作作风不实，搞盆景包装，搞形象工程，搞有水分的数字报表。

事实上，市县和基层是有苦说不出啊！那些精心包装的盆景，那些劳民伤财的形象工程，还有水分不小的数字报表，主要是给我们省直机关看的，给在座的厅长、处长们看的。当然也包括我在内，这些是为了迎合我们的要求，给我们“交差”的。再说得直白一些，基层搞形式主义有时也是无奈之举，因为上面的官僚主义就喜欢这一套。

我本人的官僚主义问题有时就挺严重，有时提出的工作要求不符合实际，基层根本无法做到。有时我下乡调研，看到花里胡哨的“典型”还挺高兴，会肯定或表扬那些盆景，这不就是助长了形式主义了吗？

所以，反对形式主义，要先拿官僚主义开刀，必须从我们每个人做起，刀刃要向内，态度要坚决，措施要有力，把自身的官僚主义问题首先解决好。

开场白的第一脚，老石就成功拉近了与听众的距离，但并不是无原则地讨好听众，使劲和听课的党员干部“套近乎”。他的第二脚和第三脚，毫不留情地把形式主义、官僚主义的“球”踢给了台下。有些话说得是很尖锐的，直接说到了他们的痛处，说到了问题产生的深层次原因，明确提出了从我做起、刀刃向内的要求。

老石直逼“痛点”，迅速强化了反对形式主义、官僚主义党课的主题，吸引了听众的注意力。这堂党课的这头三脚，他选择了两个截然不同的切口，前一个切口是替大家着想，尊重同志们，节省大家时间，初步达到了目的。后一个切口是找准和抓住了听众的“痛点”——形式主义、官僚主义的问题，先把大家的注意力吸引过来，而且把自己也摆进去了，形式主义、官僚主义问题自己也有份。这样，讲自己对问题的尖锐看法，听众就比较容易接受了。

8.“以 PPT 为中心”的讲课方法

早些年，老石讲党课的方法比较传统，也比较烦琐费劲。一般要先拟个写作提纲，等完整的讲稿写成之后，再从中拎出一个讲课提纲。这种讲课提纲，不但有二、三级标题乃至四级标题，往往还会把主要观点和典型事例摘要出来。讲党课时，老石主要按讲课提纲讲，基本不会念讲稿，但还是要把讲稿拿到手上，时不时翻上一翻。

后来，他逐渐改变了这种方法，把“以 PPT 为中心”的讲课方法运用得越来越得心应手，几乎到了离不开的程度。采取这种讲法之初，还是要拟一个写作提纲，依据提纲写好讲稿后，再制作 PPT。此招用得时间长了，路径和技术熟悉了，讲党课的任务也重了，老石干脆不写完整的讲稿了，而是把拟讲课提纲和制作 PPT 两项准备工作同步进行。有时他还会开直通车，准备工作一上手就是制作 PPT，写作提纲和讲课提纲都不需要搞了，以 PPT 代替了讲稿和讲课提纲，一步就到了位。现在他更多采用这种办法，尝到了“以 PPT 为中心”讲课的甜头。

老石制作和使用 PPT，特别在意图文并茂，文字精练，数据简要，图片精彩，优势互补，相得益彰。正常情况下，如果一堂党课讲 50 分钟，他就会制作 50 页左右的 PPT。如果讲 70 分钟，他就会制作 70 页左右的 PPT，大致是按照一分钟左右讲一页的节奏把握。PPT 初步制成后，老石就开始用它备课，这过程中还会不断调整课件中的文字和图片，等到课备得差不多了，课件也修改得较为精致完美了。

讲课时，老石自己操作笔记本电脑，但通常不会照念 PPT 上的文字。他的基本讲法是"看图说话"，文字主要是给听课的同志们看的，发挥其内容提示和要点概述的作用。一幅精美的图片（图表、漫画、动画、视频），可能就是一个生动的故事，鲜活的思想和鲜明的主张蕴含其中。一组简要的数据，就足以把工作状态和绩效表述清晰，并能够直观形象地反映事物发展的趋势或规律。PPT 上文字用得不多，都是提纲挈领的一些重要理念或判断，字号相对比较大，坐在远处的同志也能看得清。

根据内容表述的需要，老石不但会在 PPT 中插入带音响效果的短视频，而且有时会在讲课前播一部与党课主题直接相关的视频短片，紧接着就以短片为话题开始讲党课。

一次老石给林业系统的党员干部讲党课，他先播放了 15 分钟的视频短片，集中反映了林业系统党建工作存在的突出问题，大家受到了很大触动。于是，老石就拿着这些问题说事，用 PPT 一项一项分析讲解，指出问题的严重危害，查找问题的原因，提出解决的对策措施。听党课的党员干部都觉得，这种形式讲党课形象生动，边听边看边反思，如同身临其境，效果自然好。

当然了，上面说的不是老石讲党课的所有方式，他还会根据时间、地点、对象的不同，采取其他不同的方式。有一天下午，老石在镇政府的篮球场上，给几十名驻村帮扶的党员干部讲脱贫攻坚的党课，他这次就没搞什么 PPT，只在小笔记本上写了三四页的讲课提纲。讲的过程中，老石虽然把笔记本拿在了手上，但并没有打开看，他是按头脑中的思路和腹稿讲的，笔记本里写的提纲，实际上已经转化为党课腹稿了。

事后，小严问老石：“你不看笔记本上写的提纲，但为什么还要拿在手上呢？”老石说：“年龄大了，记忆力就不太好了，有个提纲既能事先把要讲的内容理出个头绪来，又能做到有备无患。假如讲课时有的地方实在‘接不上茬’了，一看笔记本里的提纲就能‘救急’‘解难’。如果没发生这种情况呢，写有提纲的笔记本仍然要拿在手上，其作用就是向听课的同志们表明，我讲的这堂党课不但有所准备，而且还胸有成竹呢。”

9. 不宜低头念稿，课时不宜过长

通常情况下，讲党课理所当然要有讲稿，但最好不要低头念讲稿。讲课人可以适时适度看看稿子，不过要避免对稿子的过分依赖。基本的方法还是要以讲稿为基础，以讲课提纲为依据，适当展开和补充，把文本化的讲稿转换为口语化的党课。

不管是念稿，还是照着提纲讲，如果不看台下的听众，这样就没有了目光的交流，思想的交流也就难了，语言交流只能是表面的单向的。讲课人与听众有眼神交流，才会为思想和心灵交流打开窗口，党课的语言交流才能达到目的。但是，脱稿讲党课不能跑题，不能信马由缰跑到哪儿算哪儿。

自己精心准备的党课，本人对所讲的内容了然于心，讲起来会轻松通透，如数家珍，随时都可以脱开稿子放开了讲，乃至全过程都能够脱开讲稿，行云流水般地讲下去，讲课提纲也只是参考而已。这是最受听众欢迎的讲法，需要讲课人把相关的功课做到家。老石“以 PPT 为中心”是一种讲党课的好方法，但如果拿不出充足的时间和精力用于这项工作，这种讲法还是难以推广的。

每一堂党课，时间都非常宝贵。这就要求领导干部在讲党课时，要力求做到言简意赅，不讲一句多余的话。不但要把党课讲得严肃活泼，还要把党课讲得简洁明快通透。讲稿准备好以后，要下一些删繁就简的功夫，把过多的铺垫删去，把意思相同的表达删去，把词不达意的论述删去，不说正确的废话、没用的套话、不解决问题的虚话，形成干净利落的语言表达风格。

不管多么重要的党课，也不宜讲得过长。因为听众集中注意力的时间是有限度的。关于讲党课时间的长短，要根据党课的不同类型和主讲人有所区别地加以把握。领导干部讲课适宜的时间在一个半小时左右，如果能压缩到一个小时左右最好，多人集体讲党课的时间可以长一些。专家讲党课的时间可以相对再长一些，控制在两个小时左右较好，如果超过两个半小时恐怕就有些长了。基层党组织书记讲党课的时间短一些为好，一般把握在一个小时左右为宜，互动讨论的时间可以稍长一些。

当然，讲党课时间的长短都是相对的，内容和效果要始终放在第一位，不能为了长而长，也不能为了短而短。时间要为内容和效果服务，从讲党课的实际需要出发，来妥当把握时间的长短。

个别领导干部的党课讲稿准备得比较长，为了把时间搞短点，就连珠炮式地念，越到后面念的语速越快，大家都听不出个数来了。这种讲法是犯忌的，听课的同志会觉得你这是在匆匆忙忙走过场。

老石有两个办法避免出现这种问题。一是讲之前就对讲稿做结构性的删减，原来要讲七个部分，你就把它删减为五个部分，集中有限的篇幅和精力把重点问题讲透。二是讲的过程中如果感觉时间有点长了，那就得边讲边精简，一个观点有一个事例支撑就可以，多余的事例就不说了，有的事例也不一定讲得过细。同时对观点进行再聚焦处理，讲那些揭示实质、切中要害的独到观点，没啥新意的观点就略去吧。

10. 五种力量一种也不能少

高水准的党课，课前能让人有所期待，课中能让人全神贯注，课后能让人回味思考，之后很长一段时间能给人信心和力量。

领导干部讲党课，要拥有五种力量。即理论的力量，知识的力量，实践的力量，语言的力量，人格的力量。这五种力量哪一种都不能少，少了任何一种都会给党课“减分”。

老石在一次“领导干部怎样讲党课”的培训班上是这样说的：

领导干部讲党课要拥有五种力量，我们要依靠自身的高素质和真本领，确保这五个方面都“不掉链子”。

一要拥有知识的力量，确保你的知识积累“不掉链子”。

有的领导干部各种知识都单薄，本人业务之外的知识更贫乏，讲来讲去就露了馅。还是那句老话，知识就是力量。要给人家一碗水，自己要有一桶水。因此，我们必须加强日常学习钻研，培养对各方面知识的兴趣，把自己的知识积累得更厚实一些。

二要拥有理论的力量，确保你的理论素养“不掉链子”。

有的党课讲理论虚多实少，念叨完一些“抄来的理论”，就没有自己的任何理解了。理论苍白无力，党课就难有高度和深度。领导干部要切实加强理论武装，尤其要把习近平新时代中国特色社会主义思想学深悟透，勇于和善于站在理论与实践结合的时代制高点上讲党课。

三要拥有实践的力量，确保你的经历和经验“不掉链子”。

一些领导干部实际经历单一经验少，对基层情况不熟悉，讲的党课对实践中的难点焦点问题没有回应，一到需要联系实际时，就底气不足了。干得好与讲得好是呈正相关的关系。必须真抓实干，才能获得实践的力量，才能把实践经验转化到党课上。

四要拥有语言的力量，确保你的表述方式和技巧“不掉链子”。

有一种类型的干部，能写会干，但就是语言能力弱，口才较差，离开稿子讲课就紧张了。这不是克服不了的困难，只要平时注意吸收群众的生动语言，利用好多讲多练的机会，语言和口才问题就不是什么了不起的事儿。

五要拥有人格的力量，确保你的党性觉悟和道德修养“不掉链子”。个别领导干部口碑不好，他在台上讲，听众在台下议论。他讲的水平或许不低，但调门越高，听众越不信他这一套。

领导干部务必注重党性锻炼和人格修养，形成阳光健康的人格，廉洁自律，克己奉公，不但要把党课讲好，更要把人做好，把党性和人格修炼好，把党和人民的事业踏踏实实干好。

概言之，知识的力量是讲好党课的文化基础，要筑厚打牢巩固；理论的力量是讲好党课的核心力量，要精准掌握提升；实践的力量是讲好党课的生命力所在，要不断历练充实增强；语言的力量是讲好党课的基本技能所在，要靠日常积累和实操实练；人格的力量是讲好党课的“资本”，要靠高尚的政治品质和优秀的整体素质，靠高标准的严于律己和洁身自好。

这五种力量不是单独存在的，它们相辅相成，相互渗透，对讲好党课的作用是综合性的。但要是想补齐短板，恐怕还得一项一项充实增强呢。

第八讲

专家如何讲党课　党校如何上党课

本讲涉及两个问题，一个是关于各类专家讲党课的问题，另一个是关于各级党校上党课的问题，每个问题分别谈三点看法和建议。

1. 准确把握三类讲课主体的定位

专家讲党课这个问题不是太好谈，早些年本来没有请专家讲党课这种形式，党课都是由党员领导干部和基层党组织书记讲的。专家讲党课后来才逐渐时兴起来，一度搞到很热闹，从流行时髦到过热失度，能讲党课的专家曾经“供不应求”，有些素质和能力都不太合格的所谓专家，也跟着滥竽充数。有的单位只要是上党课就是请专家，不管请来的专家讲的是不是党课。

问题是问题，正效应是正效应，评价任何工作都要避免认识上的片面性，我们更要看到专家讲党课对加强党内教育的积极作用——大大丰富了党课内容，有力促进了党课质量的提高，壮大了讲党课的师资队伍。专家讲的党课，给听众打下的理论烙印会更深一些，在知识上给党员们充的电会更系统一些，视野也会更开阔一些。专家上党课，受众的兴趣浓，听起来有味道，信息量大，知识面宽，专业水平高，能够引发一些思考。有的专家讲党课还有名人效应，党员们会慕名而来，增加了党课的吸引力。

和许多年轻人一样，小严喜欢听专家讲党课，同时对领导干部、基层党组织书记讲党课也很重视。从改进完善党课教育的角度，他对这三类讲课主体的特点及效应，进行了较为深入的研究。小严认为，专家讲党课文化内涵丰富，理论色彩浓厚，对某些问题能讲出新认知新观念，并且熟悉讲课的艺术和技巧。存在的问题是，有的地方请专家讲党课成了风气，没有把握好专家讲党课分定位，除了请专家讲党课外，领导干部不讲了，基层党组织书记也不讲了，讲党课的重要主体纷纷“缺席”，都甘当专家讲党课的听众，个别领导干部连听众都不愿意当，既不讲党课，也不听党课。

小严分析这种过热现象和消极反应，发现还有另外一些原因。少数领导干部和基层党组织书记对讲党课有些信心不足，积极性也就不高。上级党委有的规定还是很严格的，上党课的次数只能多不能少。于是，有人就时不时拿专家讲党课来应付“凑数”，甚至用知识讲座、论坛、大讲堂等充当党课。一个不大不小的单位，一年搞了四次党课，都是请外面专家来讲。美其名曰“远来的和尚会念经”，问题是这个“经”念得不对路，有的“经”念错了，有的“经”白念了，有的甚至出现了乱象。春节后讲食品安全，年中讲环保和生态建设，年底讲如何写述职报告。如此不靠谱的安排，把请专家讲课这项工作弄得杂七杂八，党课教育搞得非常不严肃。

领导干部、基层党组织书记，该讲的党课不讲，属于不作为。那么请一些专家讲的“党课”不是党课，应当属于乱作为吧？现在这种问题不那么突出了，但是在个别单位还没有杜绝。

以上是较为极端的现象，还有一些似是而非的党课，也造成了不太好的影响。小严了解到，有的单位请专家讲党课，没有具体提出党课内容的要求，专家对党课的概念又不是很清楚，导致党课成了某种知识的专题讲座。老石就听过有的干部反映：“在机关里，请外来专家讲那些与党建关系不大的课，听起来也挺热闹，但我觉得算不上是党课，只能说是某个方面的知识讲座吧。”这位干部说的情况，确实应当引起重视，切不可让那些知识讲座冒名顶替党课。

小严从听众的角度，用长处与短处相比较的方法，对上述三类主体讲党课有些理性的分析。领导干部以及基层党组织书记讲的党课，针对性、指导性、实践性相对更强一些，不过有些内容讲得比较拘谨，传递的信息和使用的语言鲜活度不是很高，不如专家讲得那么“活泛”。

大多数专家讲党课，属于比较专业的讲法，他们有一定的职业训练，有研究成果作为基础，也有较充足时间和精力为讲好党课做准备。专家讲的内容，多是听众不太知道、不太清楚，但又想知道的动态信息和前沿理论。领导干部、基层党组织书记讲的党课，则属于非专业的讲法，他们对于如何讲好党课这件事，仁者见仁智者见智，主要是凭自己的感觉和经验讲，讲的内容多是党员们基本上都知道的，都比较熟悉的，但又是应当反复讲、重点讲的原则和要求。

一般来说，专家讲党课的框框比较少，思考和研究问题的天地比较宽，讲起来可以大开大合，有一定的广度和深度，而且在理论上会讲得更加系统，能讲出一些新视角新见解。但有时个别专家会刻意标新立异，语不惊人死不休，讲一些偏激的过头话，讲一些没有根据没有原则的话，甚至讲一些对党员思想有消极影响的话。这虽然是个别专家讲党课出现的现象，但组织者和有关部门也要加强管理，好在目前这种现象不多了。

小严的意见是，请专家讲党课在制度安排上应该进一步明确具体，不但要细化专家讲党课的一些规定要求，而且还要提高专家讲党课的定位，采取一些更为主动积极的措施。比如，在党校、有关研究机构和高等院校，重点明确和培养一批讲党课的专家，以此为骨干力量，加强党课师资队伍建设。

老石的观点与小严略有不同，他把存在的问题看得相对重一些，有关专家讲党课的意见更倾向于慎重稳妥，以确保党课质量为第一目标。

他的建议是，请专家讲党课不要大帮轰，捡到筐里都是菜，还是要严格把关，好中选优，宁缺毋滥。一要加强统筹管理，二要发挥重要作用，三要杜绝不良现象，三项措施一并实施，增强专家讲党课的实效。

专家要把党课讲好，强化正能量，预防负效应，主要靠承担讲党课任务专家本人的不懈努力，组织协调专家讲党课的有关部门及工作人员也要认真负起责任，进一步改进完善相关专家的遴选及对接工作，进一步加强相关基础工作、制度配套、机制构建和队伍建设，准确把握专家讲党课的定位。

要发挥专家的特长强项，不断提高他们讲党课的质量，同时避免出现偏差或误区的问题要从党内教育实际需要和专家讲党课的准确定位出发，重点把好讲课专家的入门关，将专家讲党课纳入计划管理，科学掌握所占比重，防止畸轻畸重和喧宾夺主，设立讲党课专家库，着眼点放在扬长避短上，全面强化专家讲党课的正效应。

2. 增强专家讲党课的计划性

上党课是一项严肃的政治思想建设任务，请专家讲党课是搞好党课教育的一项具体措施，要有计划、有选择、有组织进行。不是想请谁讲就请谁讲，专家想讲什么就讲什么，听之任之，不管不问，是会出问题的。

专家讲党课不能搞成计划外的拾遗补缺特殊事项，要纳入正式党课计划，加以统筹谋划安排，实行专家进入管理和讲课过程管理，减少盲目性和随意性，增强目的性和计划性。目前这方面的工作仍然薄弱，有的地方和单位请专家讲党课还经常是随机随意安排，多是临时动议，“平时不烧香，急来抱佛脚”。

前些年个别领导干部不认真执行党委（党组）的党课讲授安排，把讲党课当成一种额外负担，能不讲就不讲，能请专家来讲，自己就省事了。这也是造成请专家讲党课缺少策划和计划，目的性不强、质量不高、效果较差的原因之一。

有些地方和单位，请专家讲党课没有年度计划安排，每年作党课的整体策划设计时，不把专家讲党课这一项当成计划内的事情，往往把专家当成讲党课的“替补队员”。眼看完不成党课次数了，或者原定计划由领导干部讲的党课“打退堂鼓”了，一时找不到合适人讲，就急忙找个专家来顶上。有外请专家讲课费用的财务预算安排，没有请专家讲党课的内容和主讲人的计划安排，讲课费是有了，请谁来讲？讲什么内容？那就看“出窟窿”时怎么补吧。

一些党组织对党课计划的理解也有些狭窄，重讲课的次数计划，轻讲课的主体和内容计划，忽视计划对保证党课质量的作用。老石的看法是，党课的计划性，不仅是指讲课次数的计划性，更重要的是指讲课主体、主要内容及党课类型的计划性。对专家讲党课这项工作，应实行全要素全过程的计划管理，尤其要强化计划的质量效能管理，以党课计划的科学制订和严肃实施，确保高标准实现专家讲党课的目的。

单位每年的党课，分别由谁（哪一类讲课主体）来讲，年初就要有明确的计划安排。哪次由领导干部讲？哪次由基层党组织书记讲？哪次请高校或研究部门的专家讲？哪次搞集体讲党课？一年各次党课讲的内容如何衔接配套？党委安排的党课与各总支、各支部安排的党课如何避免重复（时间的冲突）？如何实现党课教育的目的？这些都要进行综合考虑，作出详细策划和具体设计，制订可操作性强的年度计划，保质保量完成党课讲授任务。

专家讲党课所占的比重，要科学合理掌握，控制在一定数量之内，防止专家讲党课“单打一”。关于讲党课的主体，小严归纳为领导干部、基层党组织书记、先进典型人物、普通党员、专家（党校教员）五个方面的人员组成。各类主体讲党课所占的比重，领导干部、基层党组织书记大体上应该占党课的50%以上。这两方面人员是讲党课主体中的主体，专家讲党课占五分之一左右的比重也就可以了。

某单位党委，如果一年内计划讲五次党课，其中有一次请专家来讲较为合适，一次没有不大合适，多数党课都请专家来讲就明显不妥了。严格地说，专家讲党课只能是党课教育的一种补充，虽然很重要，但是过犹不及，不能把这一头搞得太重。

上党课的组织者，务必防止落入“党建外包”“购买服务”的窠臼，切记党的建设工作是不能“外包”的。一味请专家来单位讲党课，讲课费花了不少，效果并不一定好。这方面的问题，在企业党组织容易发生，需要上级党委加强指导，细化有关规定，帮助防止和克服。

3. 设立专家库，严把质量关

为了使讲党课的安排不至于“急来抱佛脚”，有关部门在加强党内教育的过程中，就得积极开发和优化各方面专家讲党课的资源，建设专兼职结合的党课师资队伍。一个实用的办法，就是设立讲党课的专家库，分门别类遴选上党课的专家主讲人，培养和使用相结合，厚植党内教育优质资源，与各行各业党课教育的需求紧密对接，使专家讲党课的基础工作更严谨扎实稳健。

进入专家库的专家，研究方向要与党课内容有直接关系，具备讲某一方面党课的深厚理论功底，授课的经验比较丰富。设定的基本条件应该是，“四个意识”强，“四个自信”坚定，思想上、政治上、行动上与以习近平同志为核心的党中央保持高度一致，业务上学术上有建树，在本研究领域有一定影响力，以前讲过党课并能够讲好党课的专家。对专家库实行动态管理，不断充实新生力量，若个别专家有不良记录，那就要及时从专家库中去除。

专家库应该是共建共享的，专家库里提供的信息，不仅是专家的名字头衔职称，还要有他们擅长讲的党课题目，最好有各位专家讲课的提纲或课件，这样选谁不选谁的依据就会比较充足。如果需要请专家讲党课，就可以直接在专家库中选择，不用到处打听或请人推荐了。

专家是某一领域的专家，他们各有所专所长，当然也各有所短。各地各单位邀请专家讲党课，要发挥他们特有的学术专长和优势，同时也要避其短板弱项。适合讲党课的专家，主要有党建专家、党史专家、政策专家、法律专家、党校专职教员，有高等院校、研究部门、咨询机构、科研机构的教授和学者，有资深党务工作者、研究能力强且善于总结的实际工作者，还有经济问题、社会问题、三农问题专家，也包括信息网络媒体等专家，以及政治立场坚定的著名企业家等。

我们要清楚，不是所有专家都能讲党课，不是专家讲的党课都适合本单位党课教育的需求，一定要请那些党性强、思想正、水平高、作风好的专家讲党课，做到“适销对路”。要根据党课教育计划，安排专家讲他们专业研究领域的内容，最好不要安排他们跨界讲研究专长之外的内容，不然的话专家可能费了不少劲，还是讲不到点子上。

一些党课是要“命题作文”的，有的专家对指定的“命题”不在行，尽管他可能有高深的专业知识，但还是不要把讲这类党课的任务交给他。还有一些党课要求特殊，特别是主题教育和专题教育中的党课，党性和政治性、指导性和实践性要求都很高，内容及对象的指向性要求非常强。有的专家可能也想讲这类党课，但实际上力不从心，讲不了也讲不好。另外有一些专项性的党课，只有领导干部和基层党组织书记来讲才合适，专家名气再大也胜任不了这类党课的讲授任务。

专家就是专家，不可能什么领域的事情都精通，不可能什么题目都能讲好。请经济问题专家讲加强基层党建一类的党课，请网络媒体专家讲党纪党风方面的党课，都很难收到预期效果。请专家讲党课，不要勉为其难，让他讲那些只有实际工作者才熟悉的事情，讲那些自己平时较少关注涉猎的课题，弄不好就会“适得其反”。

平时就注意收集有关专家的信息，根据党课不同内容的需要，筛选拟请不同的专家。也可在网上查找专家讲党课的消息报道，或者通过电话与专家沟通，具体了解专家过去讲党课的情况，有哪些专业特长。根据年初制订的专家讲党课计划，应提早与有关专家直接联系，具体介绍本单位已经讲过了哪些党课，现在需要讲哪些重点内容，对拟请讲党课的专家提出相应的建议要求，看看专家对这些建议要求是否能够理解和满足。

这是一种必要的工作业务对接，也是本单位党课需求与专家供给的对接，若能对接得好就作进一步安排，否则就放弃拟请的人选。对专家既要把好政治关，又要把好能力水平关，尤其要守住不出问题的底线。

讲党课不是研讨会或论坛发言，专家不能借此机会传播推介带有个人色彩的观点。有的专家自我意识过强，特别希望自己的研究成果得到认可和扩大影响，有时便会在党课中竭力推销个人研究成果，超出了党课内容的边界。个别专家讲党课甚至会表达一些偏激的、错误的、违反政治纪律的主张，这就会使党课出现杂音和谬误。遇到上面这些情况，党课的组织者务必及时制止，并且要吸取教训，对专家讲党课不但要明确具体题目，还要对讲稿和课件把好内容质量关，这一点也是不能含糊的。

4. 党课应作为党校的重要课程来安排

党校的职责就是为党教育培养干部、教育培训党员（市委党校和县委党校教育培训党员的职责更重要），其目标和任务决定党校上党课的方向和重点，这也是各级党校做好相关课程安排和上好党课的前提。各级党校的课程设置和上党课的计划安排，都应依据中央和上级党委给党校确定的目标和任务来组织实施。设置这一门课程想要达到什么目的？上这堂党课想要解决学员的什么问题？党课与其他教学安排是什么关系？都要系统谋划设计。

具体到党校如何上党课这个问题上，那就是在党校的课程更要姓党的前提下，把党课作为重要课程来设置安排和讲授，切实加强党校的党课教育，重点抓好主体班次上党课的教学工作，同时强化党校培训计划中有关党课的科目，把党校的优质资源优先配置到党的课程和上党课这个党内教育的重要平台上，努力打造“精品党课”。

广义上说，党校讲的课大部分都属于党课性质。比如，党史课程、党建课程、党性锻炼课程，还有领导干部来党校作的“大报告”等，都带有一定的党课性质。但我这里说的是狭义的党课，也就是“三会一课”意义上的党课。尽管党校有那么多课程带有党课性质，但我们还是应该采取有效措施，把“狭义党课”计划安排组织好，认真上好讲好。

党课课程应纳入党校的教学计划，各培训班按计划对学员进行党课教育。在党课的教学计划中，要落实课程科目、主题旨意、主讲人、上课班次、学员组织、论坛衔接、预期效果、质量评估等具体工作。

执行党课教学计划应有刚性，其他课程不应挤占党课的课时。培训时间超过一个月的班次，应把党课安排到正式课程中，做到定期上党课、上高质量的党课。安排优秀教师承担讲党课的教学任务，党校组织员也应该具备讲好党课的能力。

此外，还可以请先进典型人物到党校讲党课。

党校的党课应该是“三会一课”意义上的党课，强调的是它所具有的常规安排和普遍意义。在此前提下，这里我还要谈一下党校上党课的特殊性和针对性。因为在党校听党课的对象与各地各单位听党课的对象有所不同，党校上党课的主体和内容也有所区别，若按照基层党组织上党课的标准来设计组织党校的党课，显然是不合适的。

体现党校上党课的特殊性和针对性，就是要充分发挥党校进行党课教育的软硬件优势，以更高的标准、更严的要求、更科学的讲法，对学员进行定位定向的党课教育。对不同班次的学员，上不同内容的党课，上“大课”与上“小课”结合起来。比如，给年轻干部培训班讲党课，就要突出加强理想信念和党性修养内容的党课；给专职党务干部讲党课，就要重点讲好加强党的政治建设和组织建设内容的党课。

5. 培养党课师资，模块化、论坛化、实训教学

各级党校开展党课教育，不但应达到对学员进行党课教育的一般目的，还应达到党课专项培训示范的特殊目的。大体上说，党校学员回到本地本单位，都有上党课的任务和讲好党课的责任，每位学员都是讲党课的潜在师资力量，都有提高讲党课能力和水平的现实需求。党校上的党课，就应设法满足学员们这方面的需求，适度强化党校的党课师资示范培训职能。有条件的党校应该开设如何讲好党课的课程（讲座），对领导干部、基层党组织书记以及其他讲党课的主体，进行较为专业系统的培训，扎实推进党课教育的规范化进程。可以考虑举办两三天的“怎样

讲党课”短训班，安排教师专题讲授，组织示范讲党课，走上讲台演练，辅导点评互动，每个环节都精心设计实施，使学员经过专项示范培训，掌握讲党课的要求和基本要领，学到具体的讲法和技巧。努力争取做到，学员从党校结业毕业时，讲党课的能力和水平都有一个大幅度的提高。

各级党校做好培养党课师资工作，可以考虑采取以下三项措施。

（一）课程模块化

围绕党课教学的任务和目标，优化党校的党课教育资源，用好已有的硬件条件和软件条件，切实谋划设计可分可合的模块，使党课师资培训的有关课程模块化。根据党课讲授习近平新时代中国特色社会主义思想、马克思主义理论、党章和党内重要法规、党风廉政建设、先进典型人物等党课的需要，分类开发专项培训党课模块。

通过推进课程内容模块化的措施，使党校上的党课在三个方面得以强化。一是强化党的理论教育，特别是强化习近平新时代中国特色社会主义思想的学习研讨，加强党课师资队伍的理论武装；二是强化党章党规党纪教育，尤其要突出讲党章内容党课的分量，增强党课教育的权威性和系统性；三是强化党性教育锻炼，进一步使党性教育锻炼内容具体化，有能够拎得起来的抓手。

以上是内容的模块化，同时对教学形式也要进行模块化设计和实施。可设置专题讲授、案例教学、实训教学三个模块。

（1）专题讲授模块。这种专题讲授应该带有一定综合性，既要讲理念和观点，又要讲方式方法的创新，对于党课师资培训具有“总论”的作用。

（2）案例教学模块。案例教学模块，可选择两种类型的案例，一种是成功的案例，另一种是失败的案例，设立和随时更新案例库，鼓励学员带案例来，在培训中归纳撰写案例。由教师对重点案例进行具体分析，找出成功或失败的规律性，解决讲党课过程中遇到的普遍性问题。

（3）实训教学模块。这个模块可能是学员最感兴趣的，关键是要与前两个模块对接好，采取实训教学的具体措施，展开实操性强的专项培训。这个内容接下来我要专门讲。

（二）互动论坛化

互动是非常有价值的教育教学理念，加大教员与学员、学员与学员互动的力度，应该是党校教育改进创新的一项主要举措。党校教学本身就具有互动的优势，以往常用的方法就是某些教学单元结束前举办学员论坛，总结交流本单元的学习收获。党校进行党课专项培训，可以把学员互动论坛作为一种主要的教学方式，使重点教学活动互动论坛化，激发学员听党课、讲党课、讨论党课的主动性和积极性。

讲党课的培训班无论长短，都宜于以学员论坛为平台，形成有力的互动交流机制，使学员更好地消化吸收培训成果。讲课时教师在台上讲，学员在台下听，举办学员论坛时，要由学员党支部组织操办，教师退到幕后指导。学员论坛要紧扣专项培训的主要内容，坚持问题导向，倡导发现研究和讨论问题的良好学风。

学员论坛互动的题目，应围绕学员关心的难点问题拟定，使上党课专项培训实现互动的“专题化”。论坛最好在小组讨论的基础上，以培训班为单位组织开展，参加论坛的人数多一些效果会更好。各学员党支部推荐代表作中心发言，其他学员可以作补充发言，也可以采取讨论、辩论、比赛等方式组织学员论坛。主持人要善于设问引导和启发，让学员们能够围绕论坛主题积极发表意见，进行不同观点的互动探讨和争论。每次学员互动论坛都应有点评和总结，这个时候教师就可以从幕后走到前台了。

（三）强化实训教学

怎样讲党课，的确是一门学问，但它可不是在书本上就能学到的学问，而是需要在实践中锻炼摸索才能获得的学问。同时，讲党课的确还是一门艺术乃至技巧，是讲课语言表达的艺术和沟通党员思想的技巧。讲党课的艺术和技巧，也只有在讲台上进行实际训练才能够真正获得。

实践是最好的老师，实训是最能见实效的教学方法。党校搞党课实训教学时，传统讲党课的方式与新型党课的方法都要考虑照顾到，构建若干个供学员进行实训练习的操作平台，通过组织微党课、故事党课、互动讲党课、集体讲党课等活动，使不同类型党课的实训教学统筹兼顾。简单地说，实训教学就是靠实际讲党课来强化操作练习，增强学员讲党课的“实战”能力。

举办上党课的专项培训班，不但要进行怎样讲好党课的实训，还要安排如何策划组织实施党课的业务培训。学员们在学会讲党课和能够讲好党课的同时，又要学会如何策划好组织好实施好党课活动的一些要领和方法。这方面的教学也可以采取实训方式进行，比如教师专题讲授后，就可以给学员们留一篇撰写集体讲党课策划案的作业，随后由教师从中选出最佳策划案，安排一场集体讲党课的实训教学。集体讲党课的活动，由学员们按照策划案从头到尾组织操作实施，这样就与上党课讲党课的培训内容有效对接起来了，更加有利于开展集策划组织实施于一体的“一条龙”实训。

党课的策划组织实施是关系到党课质量和实效的一个关键因素，有条件的党校都应开设这门课程，党课专项培训班最好也安排讲这一课。学员们掌握了科学的策划组织实施党课的要领和方法，就会有力提升上党课讲党课的整体水平。

第九讲

轮流讲党课　互动讲党课
集体讲党课

上党课要处理好发扬优良传统与改进创新的关系，主动积极适应新形势新任务新要求，改变内容刻板、形式单一、缺少互动和反馈的惯常做法，循序渐进地开展求真务实的创新。综合运用多种方式和现代技术手段，努力使新时代党课教育，多一些潜移默化的疏导，少一些空洞的说教；多一些鲜活新颖的形式，少一些陈旧的套路；多一些坚韧而柔和的组合拳，少一些生冷的“独角戏”。

本讲涉及的三种形式，均为一个时期以来党课创新的积极成果，反映了党课内容和形式与时俱进的某种趋势。

1. 轮流讲党课

上党课不必局限于“一个人讲，大家听”“你讲我听”的模式，各级党组织应改进创新讲课的方式方法，切实克服被动有余、主动不足，满堂灌力度大、教育效能小的弊端。轮流讲党课即是采取党委（党组）班子成员轮流讲，党支部（总支）书记、副书记、委员轮流讲，普通党员轮流讲党课的形式，三个主体在党课的讲台上“会师”，形成加强党内教育的合力。

从一些地方和单位的实践看，采用轮流的方式讲党课，有利于调动各级领导班子成员和广大党员参与党课活动的积极性，使大家不但成为踊跃上党课的热心听众，同时又能够成为讲好党课的主动实践者。班子各位成员，如果都尽心尽力把党课讲好了，必然会带动各级党员干部自觉加强政治学习和党性锻炼，把集体讲党课作为一个有效的平台，构建起齐抓共管做好党建工作的新格局。

“一把手”和班子成员都走上党课讲台，这个讲台也就成了检验领导干部政治学习效果的“考桌”，谁认真学习认真准备了，谁讲得马马虎虎，谁的理论水平政策水平一般，谁的政治素质高能力强，党员通过听他们讲党课，便会有个大致的判断。一定意义上，这种讲党课方式是“擂台”方式，也是“轮检轮考”方式，党员听领导干部轮流讲党课，也等于听他们的“学习汇报”和“党建述职”。

道理是一样的，基层党组织书记一个人讲，不如与副书记和委员们轮流讲，不如素质较高的党员同志们轮流讲。领导干部和党员们围绕党课的共同主题，从不同角度讲政治学习的感想，交流党性锻炼的体会，讲身边的人身边的事，谈自己的亲身经历与收获，更有亲切感和说服力。大家轮流当党课的主讲人，能够丰富党课的内容和形式，在备课讲课过程中得到共产主义理想信念的熏陶，提高各自的理论素养和思想境界，在积极参与中展示自己的能力和水平。

谋划好轮流讲党课这件事，首先应进行相关的调查研究，深入了解党员对党课的需求，大体知道各支部党员喜欢听什么样的党课，组织者需要在弱项和短板上做扎实的改进。同时也能敏锐地感觉到自己哪一段讲得好，哪一段讲得差，及时对讲法作出相应的调整。他这样煞费苦心，目的是争取把党课讲出较高质量和较佳效果。

基层党组织应根据上级党委关于党课的具体规定和对本年度的工作要求，在年初作出机关全年党课的计划安排，列出每次轮流讲党课的专题和具体内容。班子的每位成员，无一例外都主动认领讲党课的任务，分别承担自己那一讲的题目。也可以组织班子成员进行集体备课，相互交流讲党课的经验，他毫无保留地向大家介绍自己讲党课的心得体会。每隔两个月左右，班子成员就轮流讲一次党课，若是在开展专题教育或主题教育期间，则会及时充实和强化党课的有关内容，适时加快轮流讲党课的节奏。

班子成员轮流讲党课，不是列出一个大题目反复讲同样的内容，而是从不同角度层层递进和步步深入讲，针对不同领域的不同问题具体讲，结合各自分管工作的重点难点问题讲。党建与业务工作不能两张皮，党课与思想政治工作也不能两张皮，轮流讲党课对业务工作实际和党员思想实际都要有动态而紧密的联系，并作出恰如其分的回应和引导。

班子各位成员必须自己准备党课，最好依据讲课提纲或使用PPT课件讲。提倡脱稿讲党课，用自己的语言讲党课，尽量不说虚话套话。有一个优越条件是，班子成员轮流讲党课不是白手起家，通常都有理论中心组学习讨论作为基础，这样不但能够充分转化消化集体学习的成果，也会有效克服讲课人准备讲稿闭门造车的问题。

党组织书记要提前深学一步，做好在中心组学习会上带头领学的准备，梳理出需要重点学思践悟的要点，而且还要引导班子成员展开互动讨论，提倡思想交流和工作交流的“无缝对接”，着力往理论的实处去学习，往实践的深处去领会，提高学习领会的政治站位。一个专题学习任务完成之后，班子成员就及时把学习的收获变成专题党课的一讲，同时与正在推进的重点工作结合起来讲，使轮流讲党课的实效性更强。

轮流讲党课在班子成员这个层面取得了成功经验，随后就顺理成章扩展到党支部书记、副书记、委员和普通党员，大家共同努力扎实稳妥推广这种讲党课的新形式。机关党委制订了轮流讲党课的计划和日程表，发给各支部书记、副书记、委员和承担轮流讲课任务的党员。他们都以饱满的政治热情参与轮流讲党课的工作，思想上高度重视，行动上高度自觉，搜集有关素材，查阅相关资料，认真准备党课讲稿和课件。

支部书记、副书记、委员和普通党员的党课讲稿，由机关党委帮助把关，班子成员传帮带，采取集体研讨的备课方法。这对每位参与者都是难得的实践锻炼机会，也是提升和展示自身素质能力的过程。这种轮流讲的党课，显示了群体聚合的力量，彻底改变了从前由“一把手”说“单口相声”的状况，实现了不同身份及职务的党员轮流讲，讲的过程中互动交流，有力推进了党课的内容创新和讲法创新。

但也应特别注意，轮流讲党课不能搞成“轮流坐庄”，不能什么人、什么内容都讲，必须把确保党课质量和实效始终放在第一位。

2. 互动讲党课

延安时期，毛泽东讲课就经常使用互动的讲法，他给大家上课时，只随身带一个写得密密麻麻的提纲，讲的时候很少看提纲，眼睛总是炯炯有神地看着大家，并且经常作出有力的手势，口头语言生动诙谐。他留下来几幅讲课的珍贵照片，都是在室外站着讲课，肢体语言丰富的镜头。他鼓励大家随时写纸条提出问题，纸条传到他的手上，便随即回答问题。

毛泽东不赞成教员一个人搞填鸭式的教学，也不局限于简单的一问一答的教学方式，他特别提倡并身体力行互动启发式教学，引导学员从事物现象中认识到事物本质，进而认识到事物发展的趋势和规律。

据一些老同志回忆，1936 年 12 月西安事变发生后，延安的同志们听说张学良、杨虎城抓住了蒋介石，大家奔走相告，拍手叫好，以为枪毙了蒋介石，一切事情就会迎刃而解了。几天后，中央决定和平解决西安事变，不少人就有些不理解了，觉得蒋介石干了那么多坏事，放虎归山怎么得了？毛泽东来到红军大学讲形势与任务的课，他循循善诱对学员们是这样说的：

> 蒋介石罪恶滔天，欠下全国人民无数的血债，大家要求杀他，可以理解，不算过分。不杀他，确实不能平民愤。但是，蒋介石是不能杀的，在目前的形势下，杀了蒋介石，会使国内形势更加复杂和混乱，有利于日本帝国主义。何况杀了一个蒋介石，还会出现第二、第三个蒋介石。诸葛亮对孟获还搞七擒七纵，我们对蒋介石为什么不可以一擒一纵呢？

有学员还是有疑虑，就站起来提出问题："如果蒋介石不谈判，不接受张学良、杨虎城的抗日主张怎么办？蒋介石心狠手毒、毫无信义，放了他，他会抗日吗？"毛泽东没有直接回答这个问题，而是拿陕北老乡赶驴子上山说事：

> 你们看，陕北的毛驴很多。毛驴驮了东西是不愿上山的，但是陕北老乡让毛驴上山有三个办法，一拉、二推、三打。蒋介石是不愿意抗战的，我们就采取对付毛驴一样的办法，拉他、推他，再不干就打他。当然喽，要拉得很紧、推得有力、打得得当，驴子就被赶上山了。西安事变就是这样。当前，日本帝国主义和中华民族的矛盾是主要矛盾，我们党领导全国人民抗战是主要矛盾的主要方面，起决定作用的是我们，国共合作一致抗日是大势所趋。但是，驴子是会踢人的，我们要提防它，这就是既联合又斗争。

学员们听毛泽东如此耐心细致的讲解，思想豁然开朗，对中央和平解决西安事变方针完全理解了，同时还加深了对社会主要矛盾和主要矛盾主要方面的认识，看清了国共合作一致抗日的大趋势。毛泽东那个时候讲课，把互动启发式教学搞得这么活泼风趣，真的是了不起，非常值得我们效仿学习。

老石这些年的党课实践，就是着力把毛泽东的这种互动启发式教学推广开来。

老石讲党课，他会事先就准备一些问题请听众回答，设法引起党员们听课的兴趣，形成宽松和谐的气氛。经常是自己讲一个小时左右，然后留出半个小时用来互动，简要解答大家提出的问题，并且引导同志们就难点问题展开讨论。有时他还会在课中设计一些“互动点”，吸引听众的关注。

比如，讲有关红军长征史的党课时，他用PPT挂出了一张民国期间的旧地图，请听课的党员指认中央红军进入贵州省的行军路线，在哪个地方打了一场胜仗。有两位党员指认对了，老石带头给他们鼓掌。接着他继续讲，过了一会儿PPT上又出现了遵义会议的场景图片和一个问答题:“为什么说遵义会议是我党我军从挫折走向胜利的决定性会议？”

老石拟定的这个互动问题是开放性的。他没有提出“请回答遵义会议伟大意义”一类的规范问题，也没有提出“请回答遵义会议的时间、地点和出席人员”一类靠记忆的问题。他觉得拟定这种开放性问题虽然不一定有标准答案，但能够引发大家答题兴趣和进行深度思考。成功的党课互动，不在于答案标准不标准，而在于能否帮助党员们深刻理解领会党课的重点内容。

3. 集体讲党课

集体讲党课这种新型党课方式，就是班子成员与各党支部书记、副书记、委员和普通党员，在同一个讲台上讲党课。具体办法是，在轮流讲党课的基础上，大家推荐若干名主讲人选，根据党课主题，分别选择不同题目，准备各自的讲稿和 PPT。

有一天，老石召开班子成员和支部书记会，研究集体党课谁来讲、怎么讲的问题时说：

我们的党课教育要注重发挥不同讲课主体的作用，领导班子作为第一主体，应当发挥好示范带头作用。首先我自己要学在前、讲在前、实际行动走在前，坚持党课的高标准和严要求。同时班子各位成员都要带头讲好党课做好示范，在讲党课这件事上，发挥带头示范作用。为此我要强调，讲好党课要成为每位班子成员的基本功。

在座的各处室党支部书记，以及副书记和委员是第二主体，大家要学会讲正能量强、实效好的党课，善于用讲党课这种方式与党员沟通交流，进行政治思想教育。各位支部书记也是各处室的处长或主任，副书记和委员也都承担着重要职责，落实党建工作与业务工作的“一岗双责”，讲好党课就是一项具体责任，同志们要严肃认真履行好。

讲党课要结合业务工作，但又不能把党课讲成业务课。这就看我们的政治站位高不高，融会贯通的能力强不强，对党员思想状况和工作状态是否了如指掌。班子成员、党支部书记、副书记和委员讲党课，不是额外负担，而是统筹推进机关各项工作的一个有力杠杆，用好了用活了能起到四两拨千斤的作用。

在这里，我重点说说普通党员这个第三主体，他们不但是听党课的主体，还应当成为讲党课的主体。为什么这样说呢？因为党内教育实质是党员的自我教育，通过集体讲党课，大家相互启发，进行互动交流，肯定是极为重要的党内教育方式。

我到一些支部听过几位普通党员讲党课，与班子成员讲的质量不相上下，比我讲得还好。普通党员从党课的听众到党课的主讲人，这是非常有价值的重要转变，对于建设学习型政党，对于新形势下创新党内教育形式，都有十分积极的意义。

经过大家的推荐，我们下次党课就由一位班子成员、两位处长（支部书记、副书记）、四位党员（支部委员），还有我共八位同志一起讲。推荐出来的四位党员，一位是“60后”，一位是“70后”，一位是“80后”，一位是“90后”，年龄和经历都有代表性，其中还有一位是车队的工人党员。

他们在本支部讲的党课质量不低，受到了大家的肯定和赞赏，班子成员和处长，包括我自己，与他们一起讲党课会有压力。有压力也是好事，有比较才能看出高低，我也要变压力为动力。每位同志都要在比较中不断提高本领，把党课讲得好上加好。

下次集体讲党课，我有这么几条要求：

一是不要拿着稿子照本宣科。

二是要做好充分准备，把该做的功课做扎实，形成较为翔实的讲课提纲，请机关党委帮助各位同志把把关，选好不同的讲课角度，以防重复或雷同。

三是最好能制作成PPT课件，因为它生动直观，课后还可以放在网络平台上，让更多的党员学习分享。

四是时间要把握好，每人讲的时间控制在15分钟左右，我讲的时间也不会超过15分钟，争取两个小时上完这堂集体党课。

我与老石的感受一样，在班子成员、党支部书记、副书记、委员和普通党员中间，确实蕴藏着丰富而强大的正能量，他们中多数同志具备讲好党课的能力和潜质，关键是要加强组织引导培训，传导讲党课的责任和压力，强化党课的政治思想教育功能，特别注重内容与形式的融洽和谐统一，指向性很强地把党课讲得入脑入心。

实践证明，集体讲党课的方式能够有效凸显求真务实的创意，能够把轮流讲党课、互动讲党课、微党课、故事党课、情景党课等要素，有机汇聚在一个平台上。大家锁定一个主题，分工合作，各有侧重，形成讲党课的群体优势效应。党课从个别人讲，转变为方方面面的党员都讲，益处多多，值得尝试。难能可贵的是，老石他们讲完集体党课后，机关党委还根据主题拟定讨论题，及时安排各支部组织讨论，继续巩固提升党课教育成果。

后来，他们的集体讲党课活动基本上是定期开展了，选择党课讲得好的同志们上台集体讲，听课的党员现场打分，有时还会请六七个评委，评委不仅打分还要逐个点评（也就是用几句话、一两分钟，把特点和优点以及不足点出来）。党员们都有集体荣誉感，会特别为本支部的主讲人鼓掌加油，集体讲党课就像是党课精品的“汇讲选拔赛”，场面热烈感人。比较重要的集体党课，会通过网络视频覆盖到市县有关部门单位，带动了各地和基层党课教育的持续创新。

4.“单声道”变“多声部”的益处

不同讲课主体在台上认真讲党课，领导干部和党员们一起坐在台下专注听党课，台上台下随时互动交流，党课之后各党支部还根据党课内容展开热烈讨论，这样别开生面的活跃场景，不是偶尔为之、偶然见到的，老石所在的机关已经习以为常。各党支部也改变了过去只靠领导干部讲党课的常规，以往书记一个人讲，现在大家轮流讲，边讲边讨论交流，边互动提问答疑。每半年全机关开展一次集体讲党课活动，大家相互学习，共同提高，上党课成了大家期待盼望的事情。

经过卓有成效的实践，轮流讲党课、互动讲党课、集体讲党课的方式趋于成熟，领导干部的党课意识明显增强，支部书记、副书记、委员和普通党员的理论水平、政治素养和表达能力全面提高，党课制度也得到了不断健全和完善，发扬优良传统，以务实创新的方式讲党课，成了大家的一种思想自觉和行动自觉。

我研究老石的这些党课创新模式，如果概括起来且作些比喻的话，那就是使讲党课由“单声道”变为“多声部”，由单向输出变为多向回路反馈，这不仅是党课形式的改进创新，更重要的还是党课讲法和机制的构建创新。具体来说，有这样几条。

一是形成了导向，搭建了平台。以轮流、互动、集体的形式讲党课，能够在班子成员、党支部书记、副书记、委员和普通党员中形成一种加强党建、重视党课的鲜明导向，给他们提供展示自己素质和能力的平台，并在备课讲课过程中得到党性锻炼，提高理论水平和表达能力。大家有压力，有动力，也有活力，整合起来就是群策群力，齐心协力，拧成了上好党课的“一股绳”。

二是大大提高了党课的参与度。采取这些新的形式上党课，听党课“人人有份”，讲党课“多人有为”。讲党课不是少数领导或专家的事情，而是各级干部和广大党员要齐心协力做好的工作。俗话说，众人拾柴火焰高。是要请大家轮流讲，还是由一个人翻来覆去讲？是要广大党员参与，还是“唱独角戏”？是要台上台下互动，还是不互动？党课的效果的确大不一样。

三是全面压实了党建的主体责任。轮流讲党课的做法，最直接的效果就是压实了班子成员及有关同志的党建主体责任，党课由固定一个人讲变成了大家轮流讲，有相互比较（比试），更有相互促进提高。互动上党课和讨论党课，有助于传递激活放大党课的正能量，党员们全方位主动接受和参与党课教育。集体上党课实现了讲党课的群体优势，考虑了代表性，照顾了特殊性，集中展示了党课教育的整体水平，集体智慧和力量是无穷无尽的。

第十讲

微党课　故事党课
电影党课　情景党课

本讲把微党课、故事党课、电影党课、情景党课四种形式的党课放在一起来讨论，主要在于它们都是党课新的表现形式，四者之间的关系比较密切。微党课里面比较多的内容是故事，故事党课时常又会用微党课的形式来讲，电影党课和情景党课虽然不如前两种党课的关系那么“胶着”，但在组织策划等方面与微党课和故事党课也有些相通之处。

1. 方兴未艾的微党课

微党课是党课教育一种很有生命力的创新形式，它的一个明显特征就是时间比较短。微党课一般在10分钟到15分钟，最长也不会超过20分钟，但最短也应该六七分钟。时间太短，恐怕会影响党课内容的完整准确表达。

微党课这种见微知著、以小见大、以短取胜的新型党课悄然流行，受到广大党员的欢迎，有一定的合理性和必然性。当下社会生活节奏和工作节奏越来越快，党内生活包括党课教育，当然要主动适应这种快节奏。用老石的话说，坑坑洼洼的土路要变成高速路，解放牌敞篷卡车要换成多性能的越野旅行车，在继续讲好分量很重的“大党课”同时，也需要适当讲一些体量小但含金量高的微党课。

微党课不仅是用时较短，不仅是讲的事情和问题相对微小，就实质和特征来看，这种党课形态更是现代学习教育理念和传播理念的产物。读者们若从理解微信、微博、微课的角度，或许能更准确认识微党课的基本属性。

微党课的开头，常用的讲法是先说一段往事、一个故事，或讲述一个典故、一句名言，或描写一个场景、一处景色，或摆出一个案例、一种社会现象。但要知道，这只是为了引出思想观点判断评价的伏笔，接下来便会迅速展现党课的主题，由此凸显党的政治理论的精华，党章和党内重要法规的要义，党风党纪教育的镜鉴，党性锻炼和党员修养的道理。

小严在县委组织部当干事时，利用十来分钟讲过这样一次微党课（接着大家又讨论二十多分钟，半个小时的微党课就结束了）：

各位同志下午好！

今天我讲的微党课，是前几天经历的一件事，这件事使我对信仰问题又有了一些新的感悟，在这里与大家分享。

上周五的傍晚，我下乡来到坐落在海拔3000余米高处的一个小村庄，匆匆吃完晚饭后，在饭桌上开了个有七位党员参加的小座谈会。其中，藏族两人、彝族一人、纳西族一人、白族一人、傈僳族一人、汉族一人，支部书记是高高大大的康巴汉子，名字叫扎西。

我用略带商量的口气说："今天晚上咱们聊一聊信教的事儿好不好？大家想到哪儿就说到哪儿。"扎西书记带头发言，介绍了村里的情况：

"我们村呢，一共有六个民族，三百来口人吧，分散住在六个自然村，有十七个党员。村里的汉族、彝族、白族，都是前些年修公路时留下的，藏族是原住民，纳西族和傈僳族呢，主要是从附近乡镇搬迁过来的。村里信教的情况挺复杂啊，信佛教的人多一些，也有个别人信基督教。

"可是，有这么一项工作，村里做得认真着呢。党支部和村委会，给老百姓干的每一件事，我们都会说这是共产党让干的。发各种补贴的时候，一定要告诉村民，这钱是共产党发的。所以呢，村民们不管信什么教，都是真心诚意感谢共产党的。”

扎西书记开了头，就瞅着那位中年纳西族党员说：“你入党好几年了，你说说吧。”这位纳西族党员读过高中，说起话来条理挺清楚的：

“我老婆信东巴教，但我更相信共产党，因为我太爷爷那一辈就是跟着共产党走的。东巴教主要祭祀祖先，特别是敬重自然，这些和共产党没啥矛盾的呢。当然了，共产党的道理更大，也更科学。”

接着那位五十来岁傈僳族党员红着脸说了话：

“前些年，我全家都信外面传来的那个教，每个礼拜天都不干农活，不是得去做礼拜嘛。还不能出去打工，搞得家里挺贫困的。现在我和儿子、女儿都不信这种教了，他们都到外面打工去了，儿子还有了对象。只是老伴时不时去做个礼拜什么的，但也不像以前去得那么勤了。”

……

晚上，我住在一位藏族老牧民家里，主人在“经堂”（拜佛诵经的屋子）替我搭了个木板床，以这种安排表示对我的信任和尊重。他一边给我铺床一边说：

“我知道你是共产党，我们藏民有信佛的传统，但我们也相信共产党呢。共产党真的是很好的，没有共产党哪有今天的好日子过啊！”

老人打着手电筒，带我看了他家后院栏里的十几头牛。回到屋里后，他又从柜子里拿出山林证给我看，笑呵呵地说：

“一头牛就能卖上万块钱，几百亩山林还有生态补贴。夏天上山采松茸挖虫草，就这一项每年能有两三万块的收入。我家两个儿子，一个儿子当了村干部，有个孙子还上了大学。共产党给我们藏民干的都是好事情，你说我怎么能不感谢共产党呢？”

这天晚上，躺在不太平整的木板床上，我想到了信仰，想到了追求，想到了基层党建，想到了自己所做工作的价值与意义，还想到了党课应该怎么讲。于是，有了下面这样一些感悟：

一个人无论什么职业，无论文化水平高低，都是要有信仰有追求的。宗教属于一种信仰。我国宪法规定公民有宗教信仰自由，任何国家机关、社会团体和个人，不得强制公民信仰宗教或者不信仰宗教，不得歧视信仰宗教的公民和不信仰宗教的公民。但同时必须要记住，我们是无神论者，共产主义是我们的信仰。

同志们，共产党员的共产主义信仰，是崇高神圣的政治信仰，我们要时刻记住党章规定的入党誓词那句话——一句特别重要的话，为共产主义奋斗终身。

在奋斗的征程中，我们对共产主义的信仰，不仅是思想理论层面的深度认知，还要变成朴素纯真坚定的信仰实践。我要像扎西书记他们那样，基层党组织和党员要认真贯彻落实党的路线方针政策，经常向老百姓宣传共产党的“好”。

这应该是党员的责任所在，要成为我们大家的职业习惯和工作常态。

小严讲的这次微党课，党课的关键要素齐全，微党课的基本特征鲜明。他从下乡了解农村信教情况入题，为此在村里开了一个调研座谈会。小严以民族团结和少数民族的宗教信仰为话题，叙述了基层党组织教育群众的工作和党员群众对共产党的认识，进而延伸到共产党人的信仰追求，环环相扣，强化了党课的主题旨意。巧妙而高明的是，在这短短的1400多个字中间，小严引用了宪法有关宗教的规定和党章入党誓词那句最重要的话，这就使微党课的党味更浓了，使自己对信仰和追求的看法权威性更强了。

总结和借鉴小严讲微党课的经验，我觉得要把握好以下四个关键点。

（一）突出逻辑主线

讲微党课，理顺逻辑主线的关系特别重要，这不是一般的主线，而是思维逻辑和表达逻辑的主线，它必须把所讲的事例和观点一并串起来。通常情况下，只能设一条逻辑主线，顶多再设一条副线，讲的过程中要避免主线跑偏或分叉。

上面小严讲的微党课，一条贯穿始终的逻辑主线就是讲信仰。他主要讲共产主义信仰，也讲宗教问题、民族问题、基层党建问题，但都是围绕讲信仰这条逻辑主线展开的。细心的读者在小严的微党课中，也能隐约看出还有一条逻辑副线，即如何看待复杂的宗教问题，此条副线挖掘了党课的深度，但同时也增加了驾驭党课主线的难度。如果对此类敏感问题不能驾轻就熟，最好不要增设这种副线，集中有限的时间和精力，把一条逻辑主线理顺讲透就非常好了。

（二）见微知著，以小见大，以短取胜

与正规的“大党课”不同，微党课要善用小经历、小实例、小事迹，阐明深刻的大道理——微课大题，微言大义。事实上，微党课也能讲党建党史的大事，讲党的路线方针政策的大事，讲党的理论与实践结合的大事。不过，讲这些大事也要选准小载体，大而不当是微党课特别要避免的问题。短小精悍作为微党课的专长强项，就是要用较短的时间讲清较深刻的道理，快节奏、高效率，通过提炼真实坦诚的心得感悟，表达出情理交融的哲理。微党课的优势，就是微而不浅薄，短而不仓促。但微党课的“小”“微”“短”，还是要在重大问题上聚焦发力，真正做到见微知著，以小见大，以短取胜。也就是说，微党课讲的小事情，都应当与大问题有直接或间接的关系。另外，运用这种形式讲党课，还要努力追求说事论理，取得以一当十、以少见多、举一反三的效果。

（三）叙事、感悟与论述有机对接

不管讲哪种类型的党课，都忌讳处理事与理的关系简单化模式化，说的事情与讲的道理“硬捏合”，两张皮的表述让人听了不信服、不舒服、不佩服。讲微党课，一般是先叙述后论理，但也惯用夹叙、夹感悟、夹论述的讲课手法，以此持续推送出新的思想观点。首先要想方设法把身边人、身边事、身边理讲实在，用对典型事迹和典型人物的描述，以及对事对人的体察与认知，引出对相关道理的议论阐发。

在处理“说清事”与“论明理”的关系过程中，要不失时机地表达个性化的感受和认知，将两者进行精致对接。做到了这一点，便能收到不落俗套、真实感人的效果。但如此讲法也不是绝对的，必要的话先用观点开题立意也行，随时随地阐述内在的新意和深意，也能很好地实现即时表达感想和有机衔接过渡的目的。

（四）结构及语言简要洗练

微党课的结构和语言，都要尽可能以简驭繁，要言不赘，洗练流畅，切不可拉开架子搞宏大叙事。时间和篇幅有限的微党课，结构务必“苗条”到最佳状态，开始构思时就得考虑如何减肥瘦身控制体重，但又不能搞得“瘦骨嶙峋”。讲微党课，需要有微结构来配套，结构的小巧玲珑，才能把内容表达得晶莹剔透。在克服碎片化的前提下，结构上可以多划分一些自然段，这样有助于叙述事件和阐述理念的层次条理化。

微党课的语言要精简再精简，至简至要，多直白，少绕弯，千万不能说车轱辘话，两三句话就说到穴位上，最好一句话就能说到骨髓里。学会用“金口”讲那些听了就不会忘的“金句”，但又要防止追求辞藻华丽，过度铺垫夸张渲染，坚决杜绝卖弄。另外，微党课可多用短句式，讲起来不会卡壳，也不会感觉吃力。

微党课的策划组织实施，应当坚持科学高效优质的标准和要求。（1）在内容的把握上，要高度浓缩和聚焦，不能出现散光现象，努力做到内容真实深刻新颖不拉杂。（2）在表达的方式上，讲微党课要善于单刀直入，使用简洁明了的语言，短平快地叙述事例，紧凑洗练地表达思想，切不可翻来覆去地说一件事一个观点。（3）在时间的安排上，要一分钟一分钟分配和计算，惜时如金，惜墨如金，力争讲出紧锣密鼓、高潮迭起的效果。

一场微党课，通常要几个人分别来讲，注重发挥群体优势和团队效能，作出整体的考量和安排。参与讲党课的党员尽可能多一些，最好人人都有机会讲党课，当然不一定人人都得讲。多人在一起讲微党课，有利于调动更多党员的积极性。

2. 充满魅力和张力的故事党课

就党课教育这一长期政治任务而言，我觉得有两个好东西比较管用实用。一个好东西是问题。强化问题意识，坚持问题导向，注重分析问题，立足解决问题，应该是党课教育的重要着力点。关于问题这个好东西，我在其他讲中时不时都讲到了，有的章节中也说得比较多了。再一个好东西就是故事。我们当中每一个人，都是听故事长大的，又是由一个一个故事连接自己一生的。党课中有了生动的故事，党员们听起来就格外有滋味。我在这里专门谈一谈故事与党课的亲近关系，以及比较适用于上故事党课的组织方法和具体讲法。

我们阅读人类进化史，不经意就会发现故事是非常好的知识载体、思想载体、教育载体，乃至文化和精神的载体。它时常提醒我们，盘古开天地的历史积淀曾经依靠故事来传承，文化的源头活水曾经凭借故事来流淌。这个世界假如没有了故事，就可能黯然失色，失去应有的生机。

不管是农村还是城市，绝大多数人的童年岁月，都是从听故事开始接受教育的，都是从听故事开始明白事理的，都是从听故事开始逐步了解世界的。有一句话说得好：听故事是人生的第一门课。走进了学校，走进了社会，生活和故事就更分不开了，故事总会是生活中精彩纷呈、永不凋谢的那个重要组成部分。

在广大农村，故事的土壤深厚，故事的雨水丰沛，各种故事犹如雨后春笋，层出不穷。农民勤劳淳朴聪明，讲故事和听故事是他们最喜欢的闲暇活动，甚至是他们的一种教育方式乃至生活方式。

事实上，乡下人喜欢听故事，城里人也喜欢听故事；老百姓愿意听故事，机关干部、领导干部也愿意听故事；党员们搞活动受教育，也愿意讲故事、听故事、围绕故事谈感想谈体会。在讲故事中，潜移默化增强了党性觉悟；在听故事中，自觉自愿陶冶了思想情操；在讨论故事中，心悦诚服地净化了精神世界。于是，故事党课便应运而生，展现了独特的魅力与张力，为党内教育注入了新活力。

望文生义，故事党课就是以讲故事为主的党课，有些故事党课由于每一讲都比较短，所以也带有微党课的某些特征。诚然，微党课不仅是讲故事，故事党课则是专门讲故事的党课，或者说主要是讲故事的党课。

从内容上看，故事党课侧重点在于以故事抒情述理，其鲜明特色是以讲故事为媒介，引人入胜，引人“入境”，引人思考求索，引人奋发向上。其基本功效是，感人的故事主线贯穿始终，道理从故事里悟，真情从故事中生，用故事打动人心，启迪思想，产生共鸣，凝聚和释放正能量。故事党课不但农村党员喜闻乐见，各行各业党员也都喜闻乐见。

近年来，故事党课得到各级党组织的重视，深受广大党员的喜爱。它能够给党课教育植入有生命力的人物和事件，具象化展现活生生的情节，寓理于讲故事，寓教于听故事，能够感染人触动人，说服人教育人。

在题材与主题以及具体讲法等方面，传承红色基因、弘扬革命传统的红色故事党课，非常有代表性和典型性，已经成了故事党课的主流。红色故事是党课教育最为丰厚的资源，也是故事党课的主要内容之一。井冈山干部学院较早讲红色故事党课，在全国带了一个好头，后来绝大多数干部学院和纪念馆，都尝试讲红色故事党课，很快就成了干部学院和纪念馆的“热门课”。

瑞金中央革命根据地纪念馆，以“讲好红色故事，传承红色基因，弘扬苏区精神”为主题，积极开展红色故事党课人人讲活动，深挖红色内涵，融入时代元素，创新故事党课形式，丰富故事讲述方式，探索建立了红色故事党课常态化机制。

老石曾经工作过的那个省，市里一个单位开展红色故事党课活动，有效推动了“两学一做”学习教育向纵深发展。他们的做法是，坚持真实性、典型性、教育性相统一，重点讲好革命先烈故事、先进典型故事、身边党员故事。（1）先行示范讲。推广红色故事党课讲得好的先进单位经验，对基层党务干部进行培训。经过集中培训和试讲后，在全市进行红色故事党课巡讲，产生示范效应。（2）推动广泛讲。以党支部为单位，把红色故事党课向农村、社区、机关、学校、企业延伸，不断扩大红色故事党课的覆盖面。(3)开展红色故事党课比赛。各县区各部门逐级推优，开展全市的故事党课比赛，采取网络投票和现场评分相结合的方式，评选出原创好故事和优秀讲述人。

2015年10月，老石讲“三严三实”党课时，以严以修身为主题，娓娓道来了六个红色故事，每一个故事侧重联系一个方面的现实问题，进而阐释严以修身一个方面的朴实道理：

同志们，今天的党课，我按发生的时间顺序，讲老一辈无产阶级革命家的六个红色故事。

准备这次故事党课，我在被深深触动的同时，对严以修身的问题进行了认真思考，思想上的收获不小。

故事一：发生在土地革命战争时期，任弼时教育干部不要贪图享受，要永葆革命本真本色的故事。

1935年1月，中共湘鄂川黔省委在永顺县召开全省党的活动分子大会。这一天大雪纷飞，县苏维埃主席（县长）田永祥身穿一件打土豪分来的皮大衣，头戴绒帽，手戴三枚戒指，蹬着大皮靴，摇摇摆摆地走来了。

任弼时看到田永祥这种打扮很替他担忧，会后找他谈心，语重心长地说：“小田，你当了县长，可别忘了自己是铁匠出身，革命者只有永远保持本色，才能革命到底呵！”这些话教育了田永祥，他重新穿上粗布褂，扎上布头巾，把土豪的那些东西都交给了农会，恢复了铁匠模样。

延安时期，任弼时是中央的五大书记之一，他特别注意严以修身。中华人民共和国成立后，他的亲妹妹想让任弼时为妹夫谋个工作，任弼时根本不答应。

叶剑英评价任弼时说，他是我们党的骆驼，人民的骆驼，没有休息，没有享受，没有个人的任何计较。

这个故事告诉我们，不管你职务多高，权力多大，都不能忘本，都不能摆谱，都不能满身官气，更不能有腐败气。领导干部忘了本，就是走下坡路的开始，就是不廉洁、消极腐败的开始。

故事二：发生在长征途中，说的是朱总司令在临时驻地，带着警卫员种菜、浇水、施肥，用“前人种、后人收”的朴素道理，教育红军战士的一段往事。

艰苦卓绝的长征，一路上粮食奇缺没菜可吃，许多战士得了夜盲症。当时缺医少药，治疗的唯一办法就是吃点青菜。朱总司令要求所有部队，有条件的都要种菜，没条件的要多挖野菜。

1936 年 3 月，红军长征来到四川炉霍县作短期休整。朱德让警卫员买来一些菜籽，在一块空地种起了菜。半个月之后，菜冒芽了，长得挺好。这时总部下达命令，部队要开拔去甘孜。傍晚，朱德招呼警卫员，一起去给菜苗浇水施肥。警卫员磨磨蹭蹭，小声嘟囔：“菜长得再好，咱也吃不上了。”

朱总司令语重心长地说：“同志啊，咱们共产党人做事，就是要有前人种、后人收，前人栽树、后人乘凉的精神。这就是我们共产党人和一般人不同的地方。”

这些朴实的话中有大道理。我们党的事业，就是红色火炬接力传承的事业，领导干部做事情，一定要有“前人种、后人收”的思想境界。尤其要坚决克服短期行为和急功近利的错误政绩观，不能搞一锤子买卖，把好事做绝，难事坏事留给后任。如果哪位领导干部是这种干法，不但是对党不忠诚、对事业不负责，而且也是不道德的，说明他的思想品质、政治品质有问题。朱总司令这个感人的故事给我们的启示是，干事也要修身，严以修身与干事有密切联系。当官从政，短期行为要不得，投机取巧要不得，装样子搞名堂要不得。

看来，领导干部的严以修身，得先从“种菜、浇水、施肥”这些小事情上修起来，严起来，实起来。

故事三：发生在20世纪30年代末40年代初，陈云在干部问题上与王明进行一次正面交锋，表现出了坚持原则，敢于担当，毫不妥协的精神。

1937年11月，陈云和王明乘坐同一架飞机从苏联回到延安。此后，陈云担任中央组织部部长，有共产国际候补书记头衔的王明兼任女子大学校长。

当时中央规定，马列学院、中央党校的学生由中央组织部分配工作，女子大学、鲁迅艺术学院的学生50%作妇运干部或青运干部，其余统由中央组织部调动使用。王明拒不执行中央规定，他说我是一校之长，有权对毕业生进行分配。

陈云得知情况后非常气愤，明确表示在党内必须按党的原则办事，搞霸道主义绝对不行。他专门给王明写信，义正词严阐述了自己的意见：“我向你声明，妇女工作是全党工作的一部分，我是党的工作者，我的责任和我的要求，也仅仅是‘一视同仁’四个大字。”

陈云一生对党忠心耿耿，大智大勇。他平时很少发表意见，不调查研究不说话，思考问题不深不透不说话，一说话就能说到点子上。他立场坚定，原则性强，求真务实，没有任何含糊。

从陈云与王明斗争的这个故事中，我们能够领悟到，坚持党性原则，贯彻落实中央规定绝不能打折扣，对歪风邪气要敢于进行针锋相对的斗争，这是严以修身的关键。如果唯唯诺诺，当老好人，不敢坚持原则，不愿得罪人，那就是修身不严的表现。

故事四：发生在中华人民共和国成立初期，毛主席遇到了“两难”问题，为此提出“四不主义”，折射出了领袖的思想境界。

中华人民共和国成立后，许多人来找毛主席要工作，更多的是想讨个一官半职。毛主席说这可是两难的事呵，如果拒绝，人家会说我当了大官翻脸不认人；如果有求必应，那不是一人得道，鸡犬升天，成了国民党了吗？再三考虑，毛主席采取了“四不主义”：凡是来找工作的，不介绍、不推荐、不说话、不写信。

但家乡还是有人来北京想找个安逸的工作，他的一位堂弟到中南海门口，喊着要见毛主席，说是来治病的。毛主席掏钱为堂弟治好了病，还为他买了一套衣服和回程车票。临走时候，他对堂弟说了一番话：“成千上万的先烈为革命事业牺牲了宝贵的生命，我们活下来的人想事、办事，都要对得起他们。你们都是种田人，过不惯城市生活，还是回老家种田、种菜、喂猪稳当，今后大家会有好日子过的。”

毛主席处理两难问题，入情入理，坚持了原则——亲情中不失原则，原则中不失亲情。当然，人要有亲情，但领导干部的党性原则一定要重于亲情，对亲情要有超越的能力。

领导干部的修身和用权是一个问题的两个方面，修身不严谈何严以用权？用权要有尺度，修身要有定力，“总开关”就是理想信念。

故事五：发生在20世纪60年代初国民经济困难时期，针对当时出现的特殊化问题，周总理提出要“过五关”，并且立了“十条家规”。

周总理是严以修身的光辉榜样。他在不同场合多次强调，越是身居高位，越要深怀敬畏之心。反复要求党员干部过好思想关、政治关、社会关、亲属关、生活关，尤其是要过好亲属关。

一天晚上，周总理把他的亲属叫到一起，郑重地立下了“十条家规”，其中包括，晚辈不准丢下工作专程来看望他，一律到食堂排队买饭菜，看戏买票入场，不许动用公家汽车，个人能做的事不要别人来办，生活要艰苦朴素。

这个故事提醒我们，廉洁自律组织上把好“五关”很重要，干部个人自觉过好“五关”也很重要；党风很重要，政风很重要，家风也很重要，领导干部确实需要用“家规”来保证家风端正。

假如某个领导干部的家风不正，他身上的党风政风就不可能正。在日常生活中，领导干部应当慎独慎微，小事小节上也不能降低严以修身的标准。

故事六：这个故事的时间跨度比较长，讲了邓小平的“猫论”和“我是实事求是派”的一些经历。

20 世纪 60 年代初，邓小平以实事求是的伟大智慧，发明了十分管用的“猫论”。他认为，马克思主义并不玄奥，是很朴实的东西，很朴实的道理，遇到具体问题，干了再说。不管黑猫白猫，抓住老鼠就是好猫。

全国解放后，有人问邓小平，长征爬雪山过草地那么艰苦，你是怎么走出来的？邓小平只回答了三个字：“跟着走。”这三个字实得不能再实了，跟着谁走？跟着红军走，跟着共产党走。

实事求是是邓小平做人做事的一条基本原则，无论身处逆境还是顺境，都始终坚持实事求是。他 1987 年两次会见外宾，都坚定地说：“我是实事求是派”。

这个关于“派”的说法，表明了邓小平的政治品格和政治态度。他从来不参加什么帮，也不入什么伙，既不是保守派，也不是激进派，而是说老实话、干老实事的实事求是派。

党的干部，最犯忌的是拉帮结派，搞小圈子，以人画线。最值得提倡的是，不进任何圈子，不搞任何人身依附关系，对工作实事求是，对干部实事求是，做地地道道的实事求是派。

实事求是需要勇气，也需要水平；需要在大是大非问题上头脑清醒，也需要在具体工作中言行一致、知行合一。做人要做老实人，这是严以修身的前提；做官要做求真务实的官，这是实事求是原则的具体化。

我们要从工作作风的高度，从思想路线的高度，也从人品官品和严以修身的角度，来认识对待实事求是的问题，校正好思想和行动的标尺，把“三严三实”的要求落实到各项工作和日常生活中，做一个真正的实事求是派。

这六个红色历史故事，使党课有血有肉有了灵魂，给我们提供了故事党课的一种讲法。故事党课，就是要以史为鉴，以小见大，以细节见精神，以老一辈无产阶级革命家和先进典型人物为榜样，着力把故事中蕴含的道理提炼出来。

讲好故事党课至少得做到这样两点：一点是故事党课要打动人心触及心灵，能够感染人教育人；另一点是故事党课要有高品位和启发性，小故事要见大道理，故事的前因后果都要见精神。上面六个红色故事，应该说较好地做到了这两点，尤其是充分体现了高品位和启发性，使党课中的故事有“回甘”之效。

党课除了讲好红色故事，还要讲好先进典型人物的故事，为广大党员树立起距离更近的学习标杆。这方面的内容，我在第五讲里作了专门介绍，本讲就不再具体说了。需要补充的一点是，讲先进典型人物的故事党课，不能虚构杜撰，不能推测联想，一定要严肃严谨，不粉饰不注水。

讲好故事党课有一个大前提，便是故事必须真实可信可靠，经得起听众的推敲和时间的检验。没有“真实”这两个字作为故事党课的基础，再精彩的故事也没有用，只能产生负作用反作用。

不能胡编乱造故事，不能讲稀奇古怪的故事，也不能把故事党课与演讲朗诵会、先进事迹报告会等相混淆，忽略党课的本质属性。不能为了增强故事党课的效果，添枝加叶，涂脂抹粉，编造无比崇高、无比动人的故事。

上党课讲的故事，最好是主讲人原创的，发生在身边和眼前的故事。讲女娲补天、大禹治水的神话传说故事，虽然也不算错，但还是会给人以“久远感”。幼儿园孩子都知道的故事，除非能讲出新意，否则就不要在党课上复述了，那样会显得“小儿科”。重点还是讲好以身边人、身边事为题材的第一手故事党课，这才是讲故事党课最应当下真功夫的地方。本讲开头提到，小严讲的那次微党课，也是以身边人、身边事为题材的故事党课。人物很平凡，事情很平凡，但提炼出来的精神不平凡。故事情节中有思想、有情操、有政治，党员们听了能够受到启发和教育。正如我归纳的小严的成功经验，讲这方面题材的故事党课（微党课），要牢牢把握故事的逻辑主线，不能出岔头，不能发散。要练就见微知著、以小见大、以短取胜、以平凡见高尚、以事迹见精神的讲课本领。学会将叙事、感悟、论述等要素密切对接的讲课技巧，可正向对接，可逆向对接，也可双向、三向融合对接，以便更好地为党课内容的准确精彩表达服务。

故事党课要使人民创造的历史真实再现，反映经济社会的可喜变化，推介可信可敬可学的先进典型人物，表达感人至深的世间真情。讲故事党课就是弘扬主旋律，突出政治性和思想性，坚定共产党人的理想信念，激励鞭策广大党员为党和人民的事业不懈奋斗。然而，我还是要强调，不管采取何种方式讲故事党课，都要自觉坚持党课的党性，把握好党性与故事性的融合统一。故事要有党性贯穿始终，党课要讲政治重政治，决不能世俗化庸俗化。

3. 有待实化和深化的电影党课

电影党课（包括以电视片、视频片等为教材的党课）既是传统的，也是现代的，本身还是能够采取多种形式进行的。

老石记得上小学高年级时，有两种类型的作文，学生们比较喜欢写，而且容易写出少年儿童特有的真情实感。一类作文是写读一本好书的读后感，另一类作文是写看一场好电影的观后感。老石最喜欢写观后感的作文了，因为老师只要布置这类作文的作业，肯定就有看电影的机会了，那个年代能有一场电影看是学生们特别高兴的事情。一次学校组织看《永不消逝的电波》电影，他写了一篇观后感，边写边流泪，深受教育，至今难忘。

近些年来，我国电影事业有了长足进步，电影业由萧条到振兴，看电影由传统到时尚，电影对人们的吸引力大大增强，这也使电影党课的质量有了明显提升，但继续实化和深化的任务也很重。国内每年生产多部具有教育意义的电影，逐年积累下来就使电影党课的教材越来越多，电影党课的片源越来越丰富多彩。特别是那些主旋律影片、专题电教片、系列电视片，都能很好配合主题教育和专题教育，使电影党课有源头活水。

下面是北京一所大学开展电影党课活动的报道：

2019年9月30日下午，学校党委组织开展了一场《我和我的祖国》电影党课活动。几百名学生党员进入大礼堂时，校党委工作部的同志给大家发放了小国旗和国旗小贴纸，为电影党课提前设置了“标识”，营造了良好的课前氛围。

大礼堂里人头攒动，座无虚席。电影党课的“序幕”拉开，悠扬的钢琴旋律响起，党员们把国旗小贴纸贴在脸上、贴在胳膊上，兴奋地挥动着小国旗，高声齐唱《我和我的祖国》。电影党课的现场气氛顿时升温，产生了高效能预热的释放效应。

与以往看电影不同，它是一场有策划有组织的电影党课，党员们是带着上党课的政治任务进入观影状态的。今天的这部电影，由“前夜”“相遇”“夺冠”“回归”“北京你好”“白昼流星”“护航”七个短片组成，每一个短片就是一节深度感人的电影党课。

观影刚刚结束，校党委工作部便在微信群中推送出了思考讨论题，党员们纷纷发表感想，畅谈观影体会，抒发对伟大祖国的热爱，表达对建设中国特色社会主义的信心决心以及对共产主义理想的执着追求。

学校一些专兼职党务干部，主动引导话题的互动交流，顺势拓展深化影片的观感心得，强化电影党课的主题，微信群里的讨论充满了青春激情和理想信念的正能量。

从北京这所大学上电影党课的报道，读者可以梳理出他们精心组织安排本次活动，在观影前和观影后的具体做法，反映出电影党课应有的“节点意识”。观影前，他们发放小国旗和国旗小贴纸，高唱《我和我的祖国》，设置电影党课主题标识，以音乐和大合唱“预热”，嵌入了颇有感召力的仪式感。观影后，他们又在微信群里推送故事党课的思考讨论题，引导话题互动交流，进而深化观感，拓展电影党课成果，进一步强化主题。我觉得前一个做法可称为“前置法”，后一个做法可称为“后置法”，前后两个做法操作得清新自然，很适合学生党员们的性格爱好。

若作进一步分析，他们这次电影党课能够较好地达到预期目的，最为关键的是《我和我的祖国》这部电影，的确是电影党课的极佳教材，穿透力和教育性都非常强。电影教材选准了选好了，电影党课就有了成功的把握。

电影党课片子的选取，还有一条重要的来源渠道，那就是各级组织部门和宣传部门的有关机构，根据党内教育需求拍摄的电影（电视片、视频片）。前不久，第十五届全国党员教育电视片观摩交流活动，就评出了优秀作品 381 部，其中包括典型事迹片、纪录片、培训片、文艺片、微视频、新媒体课件六大类。目前电影党课影片的选择越来越多，而且完全能够与党内教育的需求进行优质高效的“对号入座”。

比如，中央组织部党员教育中心、北京市委组织部和北京电视台联合制作的《难忘初心》系列专题片，一共有九集，“播火者——李大钊”“火花——高君宇”“信仰谱红歌——曹火星”“一人脏换来万人净——时传祥”等，每一集都是电影党课的好教材。各级党组织若能把党员教育电影、电视片、视频片这部分资源充分利用起来，电影党课的质量可以再大大提高一步，教育的主题也会更加聚焦。

有必要指出的是，上电影党课要防止虚化、浅化、娱乐化倾向，切实解决好电影党课必须姓党的问题。一些单位在这方面有误区，只管定期给党员发电影票，不管看了没看，不管受没受到教育，电影党课成了“例行公事”。有的单位把看一场电影，就当成上了一堂电影党课，观看的电影或许也有教育意义，但观看之前没有设置主题，没有具体要求，观看之后没有组织讨论交流，看完了也就完了，所谓的电影党课也就完成了任务，这样是不行的。

要想上好电影党课，组织者可以借鉴刚才介绍的北京那所大学党委工作部的做法，认真策划组织，精心设计安排“前置”和“后置”动作，增强电影党课的目的性，突出党内教育功能，按照计划分步实施，具体做好这么四件事。

首先，要优选精选电影教材。

上电影党课，不能把电影仅仅当成电影，而应当把电影当作党课的教材。精选电影教材这项工作要做细做实，精心选片，好中选优。只有把电影教材选准了，电影党课才能不偏离党内教育的主题。

从党课教育的实际需要出发，（1）可以选择革命历史题材的影片，进行理想信念教育和革命历史传统的教育；（2）可以选择重大现实题材的影片，进行党的路线方针政策的教育；（3）可以选择先进典型人物事迹的影片，如《焦裕禄》《杨善洲》《谷文昌》等影片，都是很好的电影党课教材。

其次，观影前要发“安民告示”，拟出思考讨论题。

任何党课都要突出党内教育的主题旨意，都要明确上这次党课的目的到底是什么，电影党课同样不能忽视这一点。发“安民告示”，即是要在上电影党课前把教育的主题旨意告诉党员们，让大家知道为什么要上这一堂电影党课，具体要达到什么目的，有什么要求。可以书面通知，可以微信通知，任何一种方式的通知，都应该是郑重其事的。如果参加电影党课的党员较多，或者是配合主题教育专题教育的重要电影党课，还应召开党支部书记会议，专门布置有关事宜。

在电影放映前，组织者最好拟出相应的思考讨论题发给大家，使党员们带着问题观看电影。刚才介绍校党委工作部在观影后在微信群推送讨论题的做法可以借鉴，如果观影前就把思考讨论题推送出来，可能效果会更好一些吧。无论是观影前还是观影后，如果没有思考讨论题，不组织相应的讨论交流，上电影党课就缺少了体现主题的议题程序，党课教育的效果就会打折扣。

以观看《焦裕禄》为例，组织者在上电影党课前，就可以拟出能够突出党课主题旨意的思考讨论题，通过观影前出题的“前置”动作，使党课的目的具体化。比如：习近平总书记重要讲话对学习焦裕禄精神有哪些要求？党员干部应该怎样学习焦裕禄精神？从影片中你感受最深的是哪一种精神？

有了这个“三段式”的思考讨论题，党员们就得提前准备了，不但要熟悉习近平总书记关于向焦裕禄学习重要讲话精神的内容，还要在看电影中细心关注和用心思考，焦裕禄哪个方面的精神对自己的触动最大，对自己最有教育意义。采取这样的“前置”引导措施，就能促进党员们由被动观影变成主动观影，带着问题边看电影边思考，观影过程就自然而然成了主动接受教育的过程。

再次，要有组织进行观影。

（1）要搞好参加电影党课党员的组织。有组织观影是使看电影成为上党课的一个关键举措。愿意看就看，不愿意看就不看。电影党课不能只安排在一些有条件的单位，可以把电影党课安排在大会议室或礼堂里进行，正正规规地挂上“电影党课”的横幅，各支部的党员来观影要签到，组织者统计参加的人数，党课结束后可以将各支部党员参加电影党课的情况作一通报。这样搞过一两次，上电影党课就比较规范化了，效果也有了保证。

（2）要搞好上课过程的组织。一堂有质量的电影党课，组织者应当先有“开场白”，把目的讲清楚；后有“结束语”，把收获理透彻；简明扼要，严肃认真，一丝不苟。观影过程中，可以安排党课主讲人进行画龙点睛的阐释，把“讲”与“看”结合起来。有时不一定从头到尾放映整部电影，可以一个版块一个版块地播放和解说，使电影党课的指向性和针对性更强。

最后，趁热打铁展开电影党课的讨论。

上电影党课一个常见的软肋，就是电影散场了，党课也跟着散场了，电影党课只做了“半篇文章”。看完电影，接着就坐下来畅谈观后感，这应该是电影党课的“规定动作”，缺少了这个至关重要的环节，基本上就属于打折扣的党课。所以，党支部、党总支要在第一时间组织党员讨论，依据观影前下发的思考讨论题，进行观后感的及时讨论交流。

组织电影党课的讨论，不宜搞得生硬呆板，不必太重形式。事先安排党员骨干作中心发言的准备有必要，但引导大家有感而发、采取即席发言的办法也很好，尽可能不作硬性要求，“必须都得说说，一个也不能落”。组织者还可以接着对影片进行深度解读，与党支部、党总支的讨论结合起来进行。重要的专题电影党课，由主讲人把电影党课的内容“接着讲”“深入讲”，在此基础上展开深入讨论，党员们就更有话可说了。这样一来就能够把电影党课的“观看”“讲课”“讨论”三个要素融汇到一个平台上，有效解决电影党课实度和深度不够的问题。

4. 鲜活感人的情景党课

近些年来，广大党员对党课教育的要求越来越高，对党课的方法创新、科技含量、观赏效果、审美价值等的期望值不断提升。大家不仅希望在党课教育中感受到真理的光辉和魅力，也渴望在上党课过程中得到深刻的情景体验和审美享受。

情景党课以鲜活感人的情景取胜，综合运用背景陈述、人物塑造、故事再现等各种讲述方式，使党课内容以情景演绎的方式实现。这种新型党课有单人讲述，也有多人讲述，可以巧妙而有度地运用声、光、影、电技术，借助音频、视频、音乐、历史照片和舞台灯光等辅助工具，台上台下互动，使党课有较强的情景画面感，同时带有良好的观赏性。

情景党课不仅是要解决听懂听不懂的问题，更主要的是要解决有兴趣没兴趣听的问题，能不能鲜活感人产生思想和情感共鸣的问题。

2018 年 5 月，纪念马克思诞辰 200 周年之际，小严精心组织了一次情景党课。这次党课小严当主讲人，通过系统展示历史照片，插播感人的视频声频，旁白配合诗词朗诵，利用音乐合成的主旋律营造庄严的现场气氛，一幕一幕回溯马克思主义的发展历程。小严把这次党课定位为：以坚定马克思主义信仰为主题，以深刻而厚重的历史感为基调，集体讲一堂共产主义运动史、马克思主义发展史的专题情景党课。一个半小时的情景党课，较好地达到了预期目的。

情景党课有利于政治与艺术有机融合，便于注入党课表达形象化的艺术元素，能够使党课的感染力更强，审美价值更高，教育效果更好，有条件的党组织应当大胆尝试。

2019 年“七一”，小严又组织了一场专题情景党课。在这次党课上，他没有当主讲人，而是充当了“编剧”和“导演”的角色。根据他的策划，先是利用网络资源和剪辑技术，截取影像资料制作成一部情景党课专题片，以这部专题片为情景再现的主要载体。讲解人和配音人由不同年龄段的党员担任，本单位合唱队进行革命历史歌曲配唱，借助多媒体技术和舞台效果，演绎了红军长征、抗日战争、解放战争、抗美援朝和改革开放各时期的伟大历程。

对于这种带有一定的艺术元素和表演风格的新型党课，老石的态度相对慎重一些。他特别强调，讲好情景党课至关重要的是解决情景如何真实再现的问题，用具有感染力的情景把党课的核心内容烘托出来，不能虚假编造，表演的成分不能过多，要把握好情景设置编排的“度”，党课的主题旨意一定要鲜明，切不可搞成文艺演出。

第十一讲

“互联网 +”及党课质效评价机制

互联网时代扑面而来，现代传播媒介和手段日新月异，党员获取信息和接受教育的渠道大大拓展。党的基层组织和党务工作者，必须认识到互联网对于讲好党课具有极高的平台打造和质效优化能力，上党课一定要紧跟时代的步伐。我们要主动开发更加便捷实用的党课传播媒介，探索和创造传播主流价值和塑造思想共识，覆盖力和耦合性超强，更加高效新颖的党课形式。

与此同时，各级党组织还应加强党课质量和效果的评价工作，创新评估评价方法，完善评价评比机制，形成精准务实的评价导向。

1. 以公众号《战“疫”行动·专题党课》为例

大家都清楚，听传统讲法的党课，党员需要拿出完整的时间，规规矩矩坐在一个会议室里，听一字一板讲党课，这仅仅是多种党课形式的一种，党员以这种形式获取信息和接受教育，在党内教育中所占的比重在逐步下降。令人兴奋的是，以互联网为载体的新型党课已经开始茁壮成长，使党课改进创新不断取得事半功倍的成效，表现出旺盛的成长势头，广大党员特别是年轻党员更乐于接受新型党课的教育。

在互联网的坚实基础上，移动互联网一路凯歌迅速普及和升级，智能手机代替个人电脑成了从互联网接收信息的终端，同时也成了向互联网发送和反馈各种信息资讯的源头。在一些企业和机关单位，网上办公、移动办公、微信群、APP 等，建立开放式指导推进工作的网络平台，已经初步替代了传统办公模式和工作方式，党课形式也日趋多渠道和多样化。特别是新冠肺炎疫情的发生，使“互联网 +”的各种办公模式、会议模式、教育模式、党课模式迅速推广普及。

最近，一家央企的二级公司，在本单位的微信公众号上发了一期党课，标题是《战“疫”行动·专题党课》，内容包括习近平总书记对疫情防控工作作出的新指示新部署，国务院国资委关于贯彻落实中央政治局常委会会议精神、打赢疫情防控阻击战的新要求，集团党委的有关新安排。在第一时间，全公司每位党员干部和职工的手机都收到了这期专题党课，开头是这么写的：

> 新冠疫情发生以来，以习近平同志为核心的党中央高度重视，始终把人民群众生命安全和身体健康放在第一位。习近平总书记多次作出重要指示，中央政治局多次召开会议进行专题研究。国务院国资委、集团党委和公司党委，坚决贯彻落实中央的重大决策部署，多次就应对疫情工作进行具体安排。在战“疫”的非常时期，为便于党员干部和广大职工学习贯彻党中央精神和上级党委的要求，公司党委工作部特别制作了本期专题党课，请同志们快快收藏学习吧。

央企的这家二级公司，业务覆盖面比较广，在国内各省及一些国家设有分公司，把党员集中起来在会议室里讲党课的机会不多，所以他们经常通过公众号按期编发专题党课。当然，这种在公众号上发的党课，不是发出去就完事大吉了，他们还会对基层党组织提出学习讨论的具体要求，在公司的内网平台上，既有相关情况反馈，也有心得体会交流，保证公众号党课不会“一发了之”。

有读者可能注意看到，该公司专题党课的开头写的“为便于党员干部和广大职工学习贯彻党中央精神和上级党委的要求”这句话，是不是感觉有点问题呢？这样写不但没有问题，而且这还应该是以公众号为新的传播载体，编发专题党课的一种值得提倡的做法。也就是说，在会议室里上传统讲法的党课，一般都是党员和入党积极分子参加，但“互联网 +”的新型党课，就不受会场等因素的局限了，党员和入党积极分子能看到，订阅公众号的所有人都能看到。所以，公司的党委工作部把“广大职工”包括进来是应该的，这是扩大党课教育面和联系群众的好办法。

面对新情况和新任务，各级党组织就是要切实改进完善传统党课，提高党课质量，增强党课实效。一方面要坚持和发扬优良传统，把该坚守的阵地守住守好，既不能淡化弱化，也不能僵化固化；另一方面党课的组织者和主讲人，应当不断强化互联网思维，大力开发“互联网 +”的党课资源，积极创新党课形式，为新时代党课教育开辟网络新天地。

2. 提倡两种互联网思维方式

关于互联网思维，不同的概括提炼林林总总，不一而足。在此我联系党内教育和党课创新的实际需要，就两种互联网思维方式，谈一谈本人的不成熟理解，仅供大家参考。

（一）提倡创新驱动的迭代思维

在我看来，创新是互联网的原生本质，创新驱动是互联网发展的第一大动力。创新是一种力量，是一种内生驱动力。事物无论新旧，工作无论轻重，组织无论大小，只要具备了这种创新驱动力，就能表现出勃勃生机。

毫无疑问，党内教育也离不开创新驱动，墨守成规，亦步亦趋，便会造成教育手段苍白无力，效果就可能乏善可陈。党课如果缺少创新驱动力，必然会出现凝聚力和推进力不足的问题。传统党课需要创新驱动，各种新型党课更需要创新驱动，当下和未来的党课都要不断增强创新驱动力。

如果一般化地说创新驱动，还不是真正的互联网思维，以迭代为特征的创新驱动，才是互联网创新驱动思维的基本特征。迭代是重复反馈过程的活动，目的是逼近所设定的目标和所需要的结果。这种创新驱动，不是一蹴而就的，也不是几次就能完成的，它是要通过"重复反馈"使创新驱动渐次逼近目标和预期结果的过程，进而逐步叠加积累形成创新驱动的阶段性成果。

为此，我们要树立和强化迭代创新驱动意识，促进党课的内容生产力和传播力、党课形式的整合力和渗透力持续有序迭代，确保上党课的实效从稳扎稳打到大幅度提升，使之距离党内教育高质量发展的目标越来越近。进一步说，就是要紧跟新时代的前进步伐，及时准确把握和回应广大党员的期盼与需求，扎实推进具有迭代意味的创新驱动，在"微""快"这两个切入点上持续发力。

（1）稳步推进"微创新"驱动。"微"是互联网上的一种普遍现象，微信、微博、微课、微党课、微商、小微企业，这些都是展现了"微"的功效和魅力。有目的、经常性地对党课内容和形式进行微小精细的创新驱动，其进展和成果便会呈现几何级积累和释放效应，就能够汇聚成为党课全要素全功能迭代创新的驱动力。

（2）大力推进"快创新"驱动。迭代创新要体现快的要求，适应党课发展趋势的创新反应要快，对党课重要内容的及时讲授要快，相应的工作驱动节奏要快。小严的主张是，不要等着水落流断才去淘金，而是要在河水流动时就快速把金淘出来，使党课总能常讲常新，出新出彩出实效。

（二）提倡跨界融合的平台思维

跨界是实现融合的主要途径，融合是实现跨界的基本形式，这种理念用于党课可以使内容和形式的跨界融合成为实际操作的平台效应。“互联网 +”本身就是全方位跨界融合思维力和行动力，必然为党课提供一系列的改进创新工具。

跨界与融合都是在开放条件下实现的，平台也是全方位开放的平台。有关部门和组织者增强党课的开放意识，也是推进“互联网 +”党课创新的必备条件。党课的内容不能封闭（如果涉及保密事项，可以以传达内部文件的方式进行），党课的形式更不能封闭，只有内容和形式都开放了，跨界融合才能自然顺畅。我们既要优化党课的内部开放生态，又要优化党课的外部开放生态，党课的策划组织都要主动适应对内对外开放的生态平台环境，积极稳妥推进党课内容和形式利用互联网的跨界融合创新。

党课活动虽然是党内教育，但又是一种较高级的社会化活动，它带有明显的跨界性和融合性。政治的、经济的、社会的、党建的、历史的、现实的，农村的、城市的、企业的、机关的、学校的，这些几乎无所不包的内容和领域，都会在党课中一一涉及。虽然不同领域的党课会有不同侧重点，但社会化跨界融合的思维不能缺失。上党课要利用好社会化资源，至关重要的是利用好互联网为载体的社会化新媒介新媒体的平台资源。

党课只就党建讲党建，那便会把党建讲狭隘了。要讲大党建的党课，就必须运用互联网思维来谋划党课活动，打开党课策划组织和备课讲课的思路，放开研究工作和分析问题的视野，使党课拥有跨界融合创新的大平台。

互联网的平台理念，对上好党课非常有用处。以平台思维为指导，就要搭建党课平台跨界融合的有机构架，完善优化内容结构，创新激活形式结构，改造转换话语表达体系结构。同时还要打造党课平台外部跨界融合的构架，重塑讲党课的沟通交流结构，贯通多向开放、多体整合的输出渠道。如板块式、组装式、集成式、串联式等党课形式，各地各单位都有不少成功经验可供借鉴。

前面介绍的微信公众号专题党课，就较好体现了平台思维，它只负责制作编发翔实的党课内容，不设党课的主讲人和主持人，也不需要安排教室会议室组织党员听课，有了公众号这个互联网平台，就足以使党课的要素结构实现系统升级。

构建跨界融合创新平台，一项重要工作就是要主动开辟党课的互联网平台——远程教育党课平台，网络视频党课平台，微信公众号党课平台，APP 党课平台，云端党课平台等，将优质党课资源与各种可能利用的平台连接起来，相互包容，彼此兼容，深度嵌入，拓展和放大党课教育的平台效应。打造构建党课的网络平台载体，也不是越多越好、越大越好，而是越开放越好、越实用越好，越有利于轻松跨界实现最佳融合越好。要以互联网为依托，务实创新党课的多种平台模式，同时防止网络平台载体出现“异化”“泛化”或“失准”“失控”“僵尸”现象。

3. 着力强化“三个服务”功能

讲党课不是自娱自乐，而是要着眼于为广大党员服务、为基层党组织服务、为加强党内教育服务，以党员和党的基层组织满意为满意，以党内教育需求的满足为满足，提升党课内容供给服务的能力和水平。讲党课也要有互联网的用户至上、服务至上意识，讲的每一句话，发的每一期党课，都要想到服务对象想不想听，愿意不愿意听，能不能接受和认同。

我们要有效运用互联网技术，找准党内教育信息传播的第一落点，为党员和基层党组织提供优质服务，打好“简约不简单”的牌，把握好“少即是多”的分寸，使党课的获取如同“囊中取物”。“互联网 + 党课”的一大特征，就是为党内教育提供简约便捷高效服务，而不是烦琐低效服务。简约便捷高效就是能简不繁，能节约不铺张，利用网络优势，使党课的获得更加快捷便利，高效率低损耗地实现“三服务”。公众号党课平台、APP 党课平台等，就贯彻了这一运作思路。

上党课要有节约成本的意识，讲究节约时间成本和精力成本，采取科学的成本管控措施，倒逼简约理念的具体化和可操作。同时要用简约的办法，把党课讲出极致的效果。极致就是要做到超出用户的想象，让简约的党课超越听众的想象。要想以较低成本获得较高收益，那就得把简约便捷高效的要求，以及成本意识和极致意识，体现到党课的策划、组织、讲授、推送、反馈、评价各个环节之中。

“互联网 +”为党员、为基层党组织、为加强党内教育服务，还需要我们具有一定的流量效能意识。没有流量就没有效能，上党课的“三服务”与互联网运行服务有相通之处。流量是效能的前提条件，有了流量还要跟进强化实际效能。一个微信群里，有三十名党员点开了一个党课课件，可以说这个党课课件有了三十个流量。但他们点开看了没看？看的感觉和效果如何？这就涉及流量效能（“三服务”的质效）的问题了。

我想借此提出强化党课“三服务”意识的流量输出效能与流量输入效能概念，主要是从讲党课主体与党课受众之间关系的角度，进行两个方位的考量。

（1）增强讲党课主体的流量输出效能。讲课人在较短时间内，讲出更多的有价值的内容，这是讲课主体流量输出的效能，应当符合简约的要求——以较少的时间和精力成本（特别是受众的时间和精力成本），创造较多的流量效能。

（2）增强受众接收流量的输入效能。“互联网 +”的一大功能，就是使讲党课主体与党课受众的连接超越时空，并使流量输出与流量输入简约化，形成高效的链接效能。以往党课的一个潜在问题，就是忽视受众接受的输入效能，听进去了没有？听的效果如何？是否入心入脑了？很少对这些情况进行评估反馈，只管讲课的输出，不管听课的输入。所以，“互联网 +”的新型党课，要特别注意增强受众接收流量的输入效能，不能搞成网络上的“大水漫灌”。

党课“三服务”的前端是流量输出，终端是流量输入。就党课效能的关键要素来说，受众接收流量的输出效能，对于“三服务”的最终实现更具有决定性。同时要注意的是，流量的输出与输入不是单向的，而是多向的有反馈回路的，有时输出与输入的流量是可以相通互换的，互联网上已经没有“井水不犯河水”那码事了。

基于以上两个方位的考量，党课组织者就要充分利用互联网及相关技术，丰富讲课方式和载体，拓展党课传播渠道和平台。在各级党建网站上设置专栏专区，及时上传党课课件讲稿视频，搭建党课网络学习平台，使广大党员能够随时随地看到听到党课，看到听到简约且极致的党课，扩大党课的教育面。

互联网具有“连接一切”的可能，还能够提供不受限制的受众流量效能的技术手段。“互联网 +”的党课平台，应当尽量多覆盖受众，进而放大流量输出与输入的效能。传统党课往往进行的是小数据服务，“互联网 + 党课”则是要充分利用大数据开展简约服务，保证党课内容更加全面系统准确。

4. 推荐五种“互联网 +”新型党课

一说到“互联网 +”，有人就会以为都是非常时髦的高科技，其实有些多年前就运用得很成熟的早期网络系统技术，继续使用的效果仍然很好。

关于“互联网 +”的党课创新工作，一定要以务实为基本手段，以实用为根本目的，创新过程必须是务实的，创新结果必须是实用的。在务实和实用的前提下推进创新，注重内部流程再造与外部平台的综合利用，不能搞花架子，也不要赶商业化潮流。立足于改进完善创新党课形式的现实需求，运用互联网等现代信息传播手段和新媒体，怎么实用就怎么用，怎样用效果好就怎样用，切不可脱离实际去搞所谓新型党课的“网络摆设”。

在推进“互联网 +”党课创新的问题上，小严的热情更高，办法更多。他在大学读书时，就对互联网的实际应用特别感兴趣，这些年他一直跟踪网络信息技术的发展动态。后来专职做党务工作后，他就更加注重将“互联网 +”与党内教育优质资源的高效融会贯通。小严比较看好以互联网为支撑，通过电视端、电脑端、手机端传播获取及回馈互动的几种党课形式，有的形式并不一定很时尚，但的确很耐用实用好用。

需要说明的是，小严看好的这几种新型党课模式，彼此之间是有交叉有重叠的，技术手段和平台都是可以互联互通的，这里不过是为了推介起来方便，大体作如下的分类。

（一）党员远程教育网络党课

仅从开始启用的时间来讲，远程教育网络党课这一形式略显“陈旧”，但目前的设施设备建设和专业技术服务非常成熟到位，它带有“融媒体”平台的服务效应，可开发利用的余地很大。

远程教育网络的优势是，其建设是由组织系统推进的，又是由组织系统提供服务和使用的，“甲方”和“乙方”集于一身。省市县三级组织部门都设有党员教育机构，配有精干的专业人员，主管远程教育工作。组织系统的力量加上机构人员的力量，使远程教育网络党课的综合实力比其他新型党课更强大。

就供给能力来看，远程教育网络具备“中央厨房”的功能，拥有相对专业的党课讲授队伍和制作机构，供给与需求的联系最为密切而直接，开发制作的人员也是服务和使用的人员，大家都在组织系统之内工作。一些市级党员教育机构，都能制作质量较高的党课片子，与基层对党课的需求能够实现无缝对接，本省本市本县制作的远程教育党课，立马就会在本区域内用得上，各省市县之间的合作交流也是轻车熟路的。

就覆盖能力来看，机构设置与人员，设备网络与终端，都能够实现多种端口覆盖，具有较强的全方位覆盖能力。尤其是纵向覆盖能力非常强，绝大多数省的远教网络都覆盖到了行政村，一些村民小组都能收看到远程教育网络党课，使用起来甚为方便。而且，一次采集制作，多元多渠道发布使用，多平台多端口接收的优势明显。党课资源和项目（运维）资金都有基本保障，硬件与软件建设匹配度高，经过十多年的运行使用和更新换代，原有设计的一些缺点得到克服，新的服务功能不断充实完善。

在远程教育网络平台中，网络的功能越来越全，远程教育的内容越来越多，但党课内容不够突出，远程教育党课还存在计划性不强的问题，容易受时间和场地的限制。设施设备和党课制作没有什么“卡壳”的地方，薄弱环节仍然反映在管理与使用上，有效使用的“最后一公里”

问题需要进一步解决好。

重视使用，经常使用，用好用活用到位，远程教育网络党课的重要作用就能够得到充分发挥。

（二）以微信公众号、APP为平台的党课

现在各单位都有微信工作群，较大单位党委的有关部门都会设立微信公众号，把党课办在日常、办到经常、办在手机上，利用新媒体及时精准推送，精心打造“掌上课堂”。公众号党课的推广使用，使许多党员都能在手机上接受党课教育，做到党课信手拈来。前面介绍的央企二级公司的微信公众号专题党课做得就比较成功。

APP党课与公众号党课的性质和使用手段基本相同，但它具有更多更强的功能，可以超大容量推送党课，在更大范围内共享使用，传播和影响的潜力更大。

有一个公路工程规划设计建设公司，他们的项目和工地分布在全国各地，党员干部职工常年在野外作业，公司党委工作部为此邀请技术团队开发了一个软件：“支部在线——新时代党建APP”，其中有两个栏目功能区非常实用。一个是“三会一课”栏目功能区。专设了“党课安排”，时间、地点、方式、题目、主讲人、讨论题都能做到提前一周告知，线上线下同步实施。另一个是“我的党课”栏目功能区。在这个栏目中，有公司党委历次上党课的内容，还有近期各支部上党课的PPT课件展示。专门设置了党课学习心得交流互动平台，党员对党课的评价及改进党课的意见建议可以直接反馈，还有供党员选择的党课菜单。这种“互联网+”的APP党课模式便捷高效，使党课教育“三服务”更有支撑力。

APP党课面临的突出问题是，开发与需求联系得不够紧密，开发的人不管使用，使用的人不参与开发，功能虽然分得很细、很全，但使用效果并不理想。

一段时间里，两种不良倾向都有所表现，一种不良倾向是，头绪繁多的公众号、APP 使基层党员干部应接不暇，“报到”“打卡”“上传图片”“积分”等负担过重。另一种不良倾向是，处于“冷寂”状态的公众号、APP“一茬接着一茬”，投资和网络资源闲置浪费。“互联网 +”的各种党课形式，都程度不同存在如何有效推广使用的问题，这是制约新型党课健康发展的瓶颈和隐忧所在，需要在实践中切实加以避免。

（三）直播党课

近几年网上各种各样的直播搞得如火如荼，吸引了许多网民的眼球，形成了直播经济。党课直播给人的感觉是即时的、形象的、可直接感官的，听的效果与现场听党课差不多。党课网络直播一点也不复杂，有一部智能手机就能做到，接收更是简便易行，打开手机就能收看和互动，所以也受到了党员们的欢迎。

在党课直播的方式上，要从实际需要出发，不一定非搞网络直播一种形式的直播党课，电视直播党课也有自己的优势。有消息报道：“从 2020 年 2 月 17 日开始，就是下周一开始，中国教育电视台第四频道将通过直播卫星平台向全国用户传授有关课程学习资源，将覆盖偏远贫困农村地区，特别是网络信号比较弱和有线电视没有通达的地区，解决这些地区学生的学习问题。”

这条消息提醒我们，党课的电视直播一定程度上具有可控性和可组织性，不像网络直播那样“自由散漫”，想看就看，不想看就不看。它能够使直播党课更加权威和系统，什么时候上课，上什么课都是有计划有组织的。而且，电视直播也可以同步转换为网络直播，两种直播的优势能够同时显现出来。

无论是电视直播还是网络直播，应该以实用好用为原则，适合怎样的直播形式，就采取怎样的直播形式，相对不那么时髦的媒介媒体，还是要继续使用好，发挥应有的作用。党课教育应当追求新颖新意新鲜度，但不必追赶时髦技术，总想花样翻新，结果使实度不够。

（四）视频党课

视频党课是一个涵盖面很宽的概念，所有以视频为传播载体的党课，均可视为视频党课。各种党课都能够通过视频传播，这是现在最常用的传播方法。比如，专题教育期间，市直机关党员干部在礼堂上党课，从眼前的表面形式看，他是在讲传统的党课。但这堂党课同时也通过网络连接到了市县乡镇各机关各单位，乃至街道、社区、村委会，全市广大党员都可以看到听到这堂党课，如有必要还可以在各自岗位上收看视频党课。

视频党课的另一个好处是，党员不但可以同步接受党课教育，还可以挂在网上、放在党员远程教育平台上，随时可以点播分享。把各种视频党课制作成光盘，下发到各单位基层党组织，党员们观看的效果也是一样的。这些做法都便于党课多次使用长期保存和共享。

（五）共享党课

这一新型党课与上述几种党课有密切的交集，远程教育党课、微信公众号党课、APP 党课、直播党课、视频党课等，到达率和覆盖面都不受限制，能够实现充分的共享。党课的共享和共享党课，由于有互联网支持和电视端、电脑端、手机端等的即时接收，在不同介质之间可以无障碍切换，全方位适应党课教育的需要，显得十分便利实用。

不过，实施共享党课还应有较高的标准，简单随意地搞党课共享，实际效果还是有限的。我们可以采取党课菜单的方式，使党课适应不同领域和行业党员多样化的共享需求。以到餐厅就餐来比喻，党课也可以像厨师做饭做菜一样，按着菜单来制作，确保及时有效供给。基层党组织和党员根据各自的需求从菜单上“点党课”。菜单上的党课，既要为党内教育提供充足的“营养”，也要符合不同领域行业党员的“口味”。这就要求共享党课的数量和质量都要有保障，列入菜单的党课丰富充实，营养和口味都能满足多种选择，争取能够做到百里挑一。

共享党课模式和菜单选党课的方法，需要各级党委的高度重视，各级组织部门应发挥主导和组织作用，各级党校和有关院校研究机构应发挥党课资源和人才优势，积极协同，形成合力，打造共享党课的精品。

5. 探索建立党课质效评价机制

基层党组织书记、党员领导干部、普通党员、专家、党校教员讲党课，开展微党课、故事党课、电影党课、情景党课活动，轮流、互动、集体讲党课，“互联网 +”等新型党课，质量高低，效果大小，与是否突出了党课主题旨意，与是否选准了党课的专题和题目，与是否做到了科学策划、计划安排及组织实施，与是否形成了务实有效的评价机制都有直接关系。这就特别需要加强制度建设，加大扎实推进的保障措施，积极尝试简便实用的方法，在巩固和扩大创新成果同时，不断开辟讲实讲活讲好党课的新路径。

近些年来，传统党课的质量稳步提高，新型党课发展得非常快，确实取得了明显成效，但也存在一些参差不齐、实效不显等问题。在这种情况下，只有建立完善质效评价机制，采取科学的评估评价方法，质效评价跟上党课创新的步伐，才能确保传统党课和新型党课都不走弯路不走岔路。改进创新党课的内容和形式很重要，建立完善促进党课高质量发展的评价机制同样也很重要。积极探索评价党课质量和效果的科学方法，应该作为讲好党课的一项重要措施来抓。

近年来，有的党组织一手抓党课内容和形式的改进创新，一手抓党课质效评价机制的建立完善。提出“政治性”“结合度”“表达力”“好评率”等几项可量化的指标，作为党课质效评价的主要依据。机关党委派人参加各支部党课活动，在现场进行相应的党课质量问卷调查，平时动态搜集党课情况和党员的即时反映，汇总综合评估后，提出改进完善的指导建议，反馈给各党支部和有关同志。

有的机关目前初步形成了“以讲带评、以评促讲、讲评结合”的方式，建立健全了“个人讲、组织评”“大家讲、大家评”“边评价、边改进”的评价机制。他们进行党课质效评估评价评比，不仅是定量打分，而且还有定性研判，评分打分只是手段之一。更重要的是，机关党委还对评价情况进行系统分析，总结推广好的做法经验，发现倾向性问题和可能出现的缺失与偏差，及时采取解决和预防的措施。

对于那些带有普遍性、基础性的问题，机关党委重点采取不断增强“四个意识”，坚定“四个自信”，坚决做到“两个维护”的有力措施。同时，加强政治理论和业务知识学习，有的放矢进行讲好党课的精准培训，切实解决能力欠缺和本领恐慌的问题。对那些技术性、细节性的问题，机关党委也会积极帮助有关同志改进完善，比如解决党课课件质量有高有低的问题，就请技术人员对有关同志进行 PPT 制作的培训。

“课中点评、年中评估、年底评比”，也是持续提升党课质效的三项递进评价措施。在做好点评和评估的基础上，每年集中搞一次优秀党课评比活动，先请各支部上报优秀党课题目和主讲人，机关党委统筹考虑入选优秀党课的代表性和典型性，既要好中选优，又要适当考虑照顾平衡，以调动大家讲党课的积极性和创造性。

在建立完善党课质效评价机制过程中，应特别强调务必提高对党课内容和效果的重视程度，形式要为内容服务，创新要防止形式主义。强化党课质效评价机制，不是演讲比赛评选，也不是简单的业务考核评比。评价方法可以灵活多样，但评价内容要严谨周密，坚持以提高党课质效为目的，扎实推进评估评价评比方法的创新。着力点放在提高政治站位和综合效果上，避免过多追求形式搞一些华而不实的东西，忽视对党课内容的系统把握。防止为了“评”而“讲”，倡导“评”为了更好的“讲”，求真务实地建立和完善评价机制，促进党课质效的全面提升。

党课质效的评估评价和评比，还有一个积极的作用，就是这样做也为每个单位讲好党课提供了可借鉴、可模仿、可推广的样板，营造出加强党的建设和重视党课教育的良好氛围。